Solidarity for Change
Global Social Economy Forum(GSEF)

「社会的経済」って何？
社会変革をめざすグローバルな市民連帯へ

ソウル宣言の会［編集］

社会評論社

設立総会の司会を務めたカナダ、コンコルディア大学カール・ポランニー研究所のマーガレット・メンデル教授ほか

◎目　次◎

資料編

はじめに

「ソウル宣言の会」代表　若森資朗

現在の資本主義に対する批判や終焉に関する本が注目を集め、ベストセラーとなっています。一方、自然、環境、文化そして人に焦点を当てた経済学、カール・ポランニーやウィリアム・モリスの再評価が盛んになりつつあります。

一九九一年ソ連の崩壊により米ソ二大国を盟主とする東西冷戦が終焉し、その結果世界の警察権力を自認するに至った米国の経済力と軍事力を背景とした力の政治による他国をまきこんだ、暴力をも厭わない地域紛争への介入が常態化しています。そしてそのことと一体化した新自由主義を標榜するグローバル企業が、なりふり構わず利潤追求に血眼になり、倫理感を欠いた振る舞いで世界を闊歩していることに、現状批判の原因を求めることができます。その結果、世界中の至る所で貧富の差が拡大し、一握りの富裕層が富を独占し、貧困層が増加し、中間層にあってはいつ下層に転落するかわからない不安にかられ、そのことが排外主義や差別（ヘイトスピーチやレイシズム）の増加につながっているとも言えます。

若森資朗「ソウル宣言の会」代表

対立と混乱、各地での戦争の常態化は、憎しみを増幅させ多くの人の生命を脅かす情況を生み出しています。この負の連鎖とも言うべき現状を断ち切るには、今の社会情況を作り出している社会システムを問題視するのは自明のことです。そこで冒頭にあげた考え方を再評価する論調に注目が集まるのは必然のこととして理解できます。

一方、資本のグローバル化に対抗する、市民側からのグローバルな連携・連帯の実践も動き出しました。二〇一三年ソウル市において、世界から八つの地方自治体、一〇の団体、そして個人の参加による「グローバル社会的経済フォーラム」が開催されました。そこにおいて社会的経済の定着と発展に取り組む「ソウル宣言」が採択されました。それは市民の参画と決定による、利潤追求を目的としない生活者ニーズを満たす財やサービスの提供、それはコミュニティを大切にし、金銭価値に置き換えられない価値を大切にする提案です。そして二〇一四年もソウル市で大会を開催することを確認し閉会しました。日本ではそのことは報じられることもなく、また協同組合やNPO、NGO関係者の間でもほとんど話題になることはありませんでした。しかし世界は動いています。そしてさらに動かしていかなくてはなりません。

採択された「ソウル宣言」の意義は、現在の世界危機（富者と貧者の格差拡大、環境破壊、繰り返される暴力・戦争等）が、市場原理主義への過度な傾斜と、ほとんど規制のない金融のグローバル化の結果だと断じ、それに変わる地域、協同、さまざまな人の有り様に視点を持った〝多元的な経済〟を模索することを提起したことです。それに加えて社会的経済は、活動が地域を基盤としていたとしても、グローバルな視点を持ち連帯、連携し、相互に学び合いながら、それぞれが力をつけていくことが大切であるとも提起しました。既に社会的経済を指向する取組が、困難と孤立を余儀なくされつつも各地に存在し、それらがつながることによって社会を変える大きな力として歩みだすことができます。

そこで「ソウル宣言」が提起した課題に注目した有志が集まり、その評価を巡り議論を重ね、その意義を広めることを確認し二〇一四年春に「ソウル宣言の会」を立ち上げました。六月にはソウル大会の開催にリーダーシップを発揮された朴元淳氏がソウル市長に再選され、二〇一三年以上の大きな大会として「グローバル社会的経済協議会設立総会および記念フォーラム」が開催されることが伝わり、「ソウル宣言の会」としても、二〇一四年は日本から多くの人の参加で、その意義を伝えて行くことを確認しました。

まずは一一月一七～一九日のソウル市での本大会に向け、日本でプレフォーラムを一一月二日に東京で開催しました。ソウル大会では全体会、分科会を通じて世界での「社会的経済」の実践が報告されましたが、日本では失われつつある、地域、人、協同に目を向けた実践が生き生きと語られました。しかし効率と競争と、経済成長に過度に毒された日本の社会では、はたして理解されるか危惧がありましたが、今の日本の状態は先が見通せない待ったなしの情況であることも事実であることから、困難であっても理解を得ていくことの大切さを実感することとなりました。両大会の内容は是非、ソウル宣言の会のホームページ（http://www.seoulsengen.jp/）をご覧になっていただきたい。

また一見では、経済成長と新自由主義の立場にある韓国で、国の施策と相反する主張の朴元淳氏が首都ソウル市の市長に再選されたことは、興味深いことでした。また朴元淳市長の今までの道のり（民主化運動→弁護士→市民活動→ソウル市長）を辿ると、きっと閉塞状態にある日本の政界・政治に示唆を与えるに違いありません。日本は少子・高齢化、成熟社会の時代にあるにも関わらず、相も変わらぬ無謀な金融政策をとり、経済成長至上主義を指向し、あろうことか地域、食を支えてきた農協を政府の力で解体し、この分野でも競争と大資本の浸食を、さらに図ろうとしています。医療・教育分野でもしかりです。これは明らかに時代の流れに逆行しています。また、県民の意思を踏みにじる沖縄に対しての対応

GSEF（グローバル社会的経済協議会）設立総会に参加した韓国以外の各国の公的機関・民間団体および国際機構

■公的機関（13カ国17機関他）

バングラデシュ：バングラデシュ銀行
カナダ：在韓ケベック政府代表部、モントリオール市
香港：内務部
インド：ムンバイ地方自治体
インドネシア：バンドン創造都市フォーラム、ジョクジャカルタ
日本：川崎市、東京世田谷区、京丹後市
マレーシア：グローバル革新と創造センター
フィリピン：ケソン市
スペイン：バスク州政府
台湾：労働部
タイ：タイ社会的企業庁
東ティモール：東ティモール大使館
英国：ラムベス自治区

■民間団体（17カ国43団体）

バングラデシュ：グラミンテレコム信託、BRAC社会革新研究所
カナダ：シャンティエ、ポラニー研究所
中国：NPI中国、トムソン・ロイター財団
フィンランド：フィンランド消費者協同組合連合会
フランス：グループSOS、SEMAEST
香港：香港社会サービス連合会
インドネシア：SATUNAMA財団
イタリア：トレント自治協同組合連盟
日本：アジアベンチャー寄付ネットワーク、K2インターナショナル・グループ、東山芸術家支援サービス、立命館大学、ソウル宣言の会、首都大学東京都心環境科大学院、日本労働者協同組合、脱原発をめざす首長会議、モンブランミーティング、CIRIECインターナショナル
マレーシア：マレーシア社会的企業連合会
メキシコ：RIPESS
フィリピン：フィリピン社会的企業のネットワーク、ブレダ財団
ミャンマー：ミャンマー開発資源研究院
シンガポール：リエン社会革新研究所、アジアベンチャー寄付ネットワーク、ベニーロウ
スペイン：モンドラゴン大学
台湾：社会的企業研究所
英国：コミュニティ・リンクス（ローカリティ）、英国ソーシャル・ファイナンス、英国協同組合の大学、欧州社会的企業連合、SIX、SPREADI

■国際機構

国連：社会開発研究所（Research Institute for Social Development）
OECD：地域経済と雇用開発（Local Economic & Employment Development）
ILO：社会的連帯経済アカデミー（Social and Solidarity Economy Academy）

「ソウル宣言の会」が主催した11・2プレフォーラム

もしかりです。国家予算の三〇％以上が社会福祉に費やされ、今後ますます増加が予想されています。私たちはその現実を冷静に見て、みんなで智恵、労力、資金を出し、決定に参画し、協同するシステム、支え合う社会を実現しなくてはなりません。そのことを多くの人が気付いているにも関わらず転換できない日本の社会を、世界に学び変えていかなくてはなりません。

設立された「グローバル社会的経済協議会（ＧＳＥＦ）」で「ＧＳＥＦ憲章」が採択されましたが、この中では国境を越えて社会的経済を実践している団体の連帯組織の誕生を謳い、それを支持し発展させようとする地方自治体との連携を謳っています。このことは今後の実践に弾みがつくことでしょう。次回は二〇一六年モントリオールでのフォーラムの開催が決定されました。また、二〇一八年はスペインのモンドラゴンでの開催も遡上に上っています。世界はグローバル経済に対抗する協同の動きが活発化し、連帯が進もうと確実に動いています。日本でもその動きと連帯した動きを定着させていきたいものです。「ソウル宣言の会」として二〇一六年のモントリオール大会に多くの仲間と参加し、その時も実践報告の場を持てるよう活動していくことを確認しています。

最後になりましたが「ソウル宣言の会」では、当会と「グローバル社会的経済協議会」の活動にこれからも協力と支援をお願いするために、また、社会的経済への理解を広め深めていくために、この間の一連の活動を報告するこのブックレットを作成いたしました。よろしくご活用くださるようお願いいたします。

二〇一五年一月二一日

I

ソウル宣言（二〇一三年）
——社会的経済のグローバルな連帯を謳った歴史的文章

社会的経済は、連帯経済もしくは社会連帯経済、非営利協同などとともにこれまでも広く使われてきた言葉であり概念です。これらの言葉や概念で表されているのは、営利を目的とせずに、相互扶助や協働をベースとし、人間の関係性や自然との共生を大事にして行われる経済活動一般です。各種の協同組合や共済組合および信用組合、社会的企業、障がい者やその他少数弱者の支援事業を行うＮＰＯ／ＮＧＯなどがこれら活動の主な担い手ですが、フェアトレード、リサイクル・ショップ、食品の安全や地産地消などの活動も含まれます。

協同組合の活動については国連も「利潤のみを目的とする株式会社よりも、人びとが互いに話し合って良識ある経営を志向する協同組合の方が望ましい」、「世界中の人びとが協同組合の精神と活動に大きな期待を寄せている」として、二〇一二年を「国際協同組合年」と定めました。社会的経済が最近さらに大きく注目されるようになったきっかけには、二〇一三年にソウルで開かれた「グローバル社会*的経済フォーラム２０１３」で採択された「ソウル宣言」があります。

「ソウル宣言」がこれまでの社会的経済や社会連帯経済に関する種々な声明や宣言と異なるのは以下のような六つの特色を持つからです。

それは第一に、貧富格差の拡大、非正規雇用の増大、金融や財政の危機、環境破壊、など社会が現在直面している困難は世界共通であること、その原因に市場原理主義と野放図な金融の投機化からなる新自由主義グローバリゼーションがあることをはっきり指摘したことです。

第二は、これに対抗する動きとして、協同組合を中心とした社会的経済の大小さまざまな組織と活動が世界的に生まれていることに注目し、これを高く評価しています。

第三は、社会的経済が人類にとって希望となるのは、草の根の参加型民主主義を方法とし、目指している公平で公正な社会が地域循環型の持続可能な社会だからだ、と説いています。

第四は、このような活動が個々バラバラでなく、ネットワークをつくり連帯することでお互いの力量を強めることの必要を述べている点です。それも相手がグローバルである以上、こうしたネットワークも一国だけでなくグローバルに作ろう、と呼びかけてもいます。

「ソウル宣言」を採択したGSEF2013

第五は、グローバルな連帯のネットワークを作るためには、何をなすべきか具体的な実践的課題の設定が大事だと、一〇項目の提案をしていることです。その提案の中には、恒常的な活動を続けられるようグローバルな協議会を創設することや、世界中の人びとが意見や情報をオンラインで交換できるＩＴシステムの構築、市民教育や活動家のトレーニング、またそうした活動を支える事務局のソウル市による支援、などが含まれます。

第六には、ソウル市での経験をもとにして、社会的経済を発展させるためには、地方政府・自治体との友好的な協力関係――参加型民主主義の地方自治――を築くことが実際的である、と示唆しています。

このように「ソウル宣言」はラディカルでありながら、きわめて具体的で実際的な文章なのです。この宣言にもとづいて社会的経済をさらに発展させ、グローバルな連帯を実現させることで、新自由主義グローバリゼーションに起因する諸問題に立ち向かおうという運動が勢いを増しました。かくて社会的経済はグローバルな実践的課題として大きくクローズアップされたのです。

（牧　梶郎／「ソウル宣言の会」事務局員）

＊「ソウル宣言」の全文は資料編（a）を参照

Ⅱ ソウル宣言の会

——「ソウル宣言」の実践を促進する日本の受け皿

Ⅰで述べたように「ソウル宣言」はラディカルでありながら、きわめて具体的で実際的な文章です。この宣言の趣旨に賛同し、日本でも社会的経済の運動を広げ強めるためのネットワークづくりを実践していこうと結成されたのが、各種協同組合の活動家や研究者からなる「より良き世界を夢見て境界を越え協力と連帯を追求するグローバル社会的経済の集い」（「ソウル宣言の会」）なのです。最初は数人の懇談会から始まったこの会は、当初からソウル市で秋に開催が予定されていた「グローバル社会的経済アソシエーション２０１４」への参加を目指し、日本で「プレフォーラム」を主催することを目標としました。

その活動が本格的に始動したのは、「ソウル宣言」の採択を主導した朴元淳ソウル市長が二〇一四年の六月に再選されてからです。市長選の勝利により、「二〇一四年グローバル社会的経済協議会設立総会および記念フォーラム」の開催が正式に決まり、一一月一七日～一九日という日程もはっきりしたからです。「ソウル宣言の会」ではまず「プレフォーラム」を一一月二日に明治大学の日欧社会的企業比較研究センターとの共催により同校駿河台キャンパスのリバティタワー・ホールで開催することを決めました。そのうえで、「ソウル宣言」の意義を説き、東京の「プレフォーラム」とソウルでの「グローバル社会的経済協議会設立総会および記念フォーラム」への参加を呼びかけるアピールを準備し、「ソウル宣言の会」への賛同者・賛同団体を集めることにしました。このアピールには三〇名をこえる社会的経済の活動家や学者・研究者が名を連ねていただきました。

「朴元淳ソウル市長の呼びかけに応えて『グローバル社会的経済アソシエーション２０１４』を成功させよう」とのアピール*は、社会的経済が今日の世界が直面しているさ

「ソウル宣言の会」の学習会

まざまな危機的問題――貧困と格差、過疎と過密、食の安全、青年労働者の非正規化と失業、自然環境の破壊、老齢化と少子化、社会的排除、等々――において果たすべき役割を考えて、以下のようにできるかぎり広範な人びとに訴えることにしました。

- 各種協同組合運動に携わりその一層の発展を志している人たち
- 信用組合、共済組合、マイクロファイナンスなど庶民金融に尽力している人たち
- 地域経済およびコミュニティの自立・再生に取り組んでいる人たち
- 地域社会に貢献する社会的企業の設立・発展に取り組んでいる人たち
- 非営利のＮＰＯ／ＮＧＯその他の事業活動を展開している人たち
- 障がい者の職業的自立や共同のために活動している人たち
- 自治体の自主的・民主的変革を目指し活動している人たち
- コミュニティ・ユニオンなど非正規労働者問題に取り組んでいる人たち
- 市民参加型の自然エネルギー生産に意欲を燃やしている

人たち

・ローカルフード運動やフェアトレードなどに参画している人たち

・日本の農林水産牧畜業を守ってがんばっている人たち

・将来モデルを模索する自治体の首長、議員、担当職員

・参加型民主主義を運動として実践している市民団体

・上記を守備範囲としている学者や在野の研究者

・上記に関心を持つジャーナリスト、メディア関係者

11・2プレフォーラムの案内チラシ（表）

このアピールに応えて、一〇の団体および六〇の個人が賛同者に名前を連ね、賛同金を拠出してくださいました。以後の「ソウル宣言の会」の活動はすべてこうした賛同者の支援にもとづいて行われています。

（牧　梶郎／「ソウル宣言の会」事務局員）

＊詳しくは資料編を参照

III

11・2 プレフォーラム
——日本の社会的経済ネットワークを目指して

プレフォーラムの日時・場所が決まって、「ソウル宣言の会」としては当日の会の内容——誰にどのような話をしてもらうか——の検討に入りました。当日は、社会的経済のあるべき方向を示す基調報告と、社会的経済の多様性がわかるようなるべく多くの人の実践報告とを組み合わすことにし、第一部の基調報告は農林年金理事長の松岡公明氏、第二部の個別の報告には世田谷区長の保坂展人氏、中小企業組合研究所代表理事の武建一氏、ＷＥ21ジャパン前理事長の郡司真弓さん、城南信用金庫理事長の吉原毅氏、置賜百姓交流会世話人の菅野芳秀氏らを候補とし交渉することにしました。また、プレフォーラムが日本での社会的経済の発展を目指すものであると同時に、ソウルで開催される「グローバル社会的経済協議会設立総会および記念フォーラム」との連携の一環であることを示すため、ソウル市から人を呼び挨拶をしてもらうこと、できれば朴ソウル市長のビデオ・メッセージを要請することも相談しました。

日本側の報告予定者からはすべて快諾を得ましたので、九月に入り「ソウル宣言の会」は、一一月二日のプレフォーラムへ参加を呼びかけるチラシ「ソウル宣言プレフォーラム　新たな協働の発見——より良き世界を夢見て境界を越え協力と連帯を追求するグローバル社会的経済の集い」一万部を作成し、呼びかけ人を通じて宣伝活動をはじめました。

ソウル市側からは、世界大会準備に忙しい時期にもかかわらず、ソン・ギョンヨン「二〇一四年グローバル社会的経済協議会設立総会および記念フォーラム」組織委員会委員長、ソウル市のチョ・ジウン社会経済振興課課長およびチョン・テイン企画文化長の三人を派遣してもらい、朴市長のビデオ・メッセージも届きました。

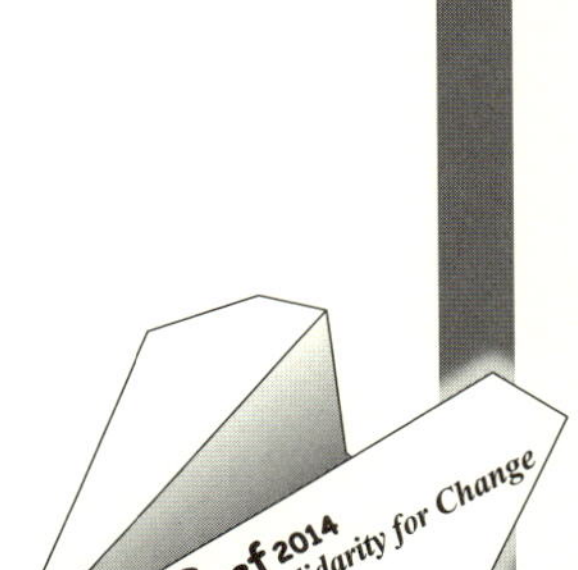

こうした一連の努力の結果、プレフォーラムには二百数

韓国から参加の三代表

十名の参加を得ることができました。それぞれの挨拶や報告のポイントは以下の通りです。

朴元淳ソウル市長のビデオ・メッセージ

社会的経済は、貧富格差拡大などグローバルな困難な課題を解決する一つの方策です。それを探求し実践するために、私たちはみんなで、都市と都市、国と国、諸団体がともに協力するネットワークを作ろうとしています。この点において、日本でこのプレフォーラムが開催されることは特別に意義深いものと思います。

ソン・ギョンヨン氏のあいさつ

私たちは新しい世界変革を望んでおります。その変革と希望のキーワードは生命と平和です。それを私たちは協同と連帯を通じて成し遂げていきたいと思っております。私はそれが社会的経済運動の本質だと思います。それで今年の「グローバル社会的経済協議会設立総会および記念フォーラム」のテーマを「変革のための連帯」と設定しております。私たちが連帯すればこの世界は変革できるし、よりよい世界で生きていけると確信しております。みなさまの「ソウル宣言」に関しての熱い関心に感謝申し上げます。

松岡公明氏の基調報告

パラダイム転換と新たな社会観の創造を
——協同組合とプラットフォーム

グローバリゼーション、構造改革、規制緩和といった先進国型の経済成長モデルはすでに通用しなくなっています。パラダイム転換による新たな社会観の創造が求められていますが、それは国民国家から市民国家への転換であり、市場化され閉塞しつつある我々の身近な生活空間の市民参加による民主主義的な公共圏への転換です。こうしたパラダイム転換を阻む政治的無関心、社会的無関心といった思考停止状況を打ち破り、公共圏へと関心をつないでいくバイパスを拓き、政治家や官僚へのお任せ民主主義の欠陥や危機を救っていくという意味でも、協同組合を軸とした社会的経済の果たす役割は大きいと思います。一方で、既存の協同組合もパラダイム転換をしなければなりません。大きくなり過ぎた既存の農協とか生協とかでは、「ソウル宣言」で提唱されているような取り組みはなかなか進まないでしょう。私は地域に密着し開かれた協同組合運動ということで、大きな協同のなかに小さな協同を作り、それをネットワークで結びつけていくことが大事だと思います。そのためには、共通のテーマや目的を持った人間同士が、信頼にもとづくコミュニケーション活動を通じて、新たな付加価値を生み出す「共」の空間——プラットフォーム——を創りあげることが必要だと考えます。

保坂展人氏の報告

八八万人の〈世田谷区〉コミュニティデザイン

世田谷区は少子高齢化で人口が減っていない増子高齢化の日本では数少ない自治体として、子育て支援、高齢者福祉に関してこれまでにない新たな社会モデルにチャレンジしています。そのために社会的企業や公益事業などの地域住民型公共サービスとの提携を目指しています。社会的地域住民活動を支援するために、地域資源でもある区内にある空家を借上げて「地域共生の家」「ふれあいの家」計二八カ所を開設しました。また世田谷区では地域内分権を進め、人口三万から五万人程度の二七地区にわけ、身近な福祉窓口を二七全地区に作っていくつもりです。窓口では行政職員による「地域包括支援センター」と区内の八〇〇近いサークルからなる「社会福祉協議会」とで相談にのれるようにし、住民自身がさまざまなかたちで参加するコミュニティの社会的事業を展開しようと考えています。社会的経済に関連しては、この他にも、屋根やベランダ、すだれを使った太陽熱発電（それぞれに「屋根ルギー」、「ベラルギー」、「すだれソーラ」と名付けている）を普及させる地域エネルギー政策、エネルギーの自治体間提携、災害時の広域相互支援体制などを推進しています。

基調報告をする松岡公明氏

武建一氏の報告

関西生コン産業における労働組合と協同組合の連携、その背景と成果について

生コン産業は日本の高度成長と共に伸びて来て、その終焉とともに供給過多の構造的不況にあります。セメント大企業が中小企業同士を競争させて、低コストで最大の利潤を追求するという縦系列の支配構造ができているのです。これは九〇％以上を占める中小企業の個別対応では大企業と対等の取引ができず、適正価格が収受できない構造なのです。また、この業種は労働集約業ですから労働災害や事故が発生しやすく、低賃金・長時間労働で、ひどい時には残業だけで月に二五〇～三〇〇時間にもなります。こういう奴隷的労働条件ですから労働組合ができるのは必然ですが、当初は、会社側の妨害や分断政策もあり、数も少なく弱い立場でした。そこで、企業の枠を超えた団結組織を作る必要があるとスタートしたのが産業別組合の関西生コン支部で、労使関係に関しては以後、集団交渉で立ち向かいました。と同時に、劣悪な労働条件を押しつける大企業の縦支配構造を打破するために、中小企業同士が競争しない仕組みとして業者の協同組合を作り、協同組合が窓口になって共同受注、共同販売などができるよう、労働組合も協力しました。こうして労働組合と協同組合が連携して闘っ

ていく運動を展開し、ようやく成果が得られるようになったのです。来年には労働学校を開設し、若い人材を養成して、将来の労働組合の幹部、社会的企業の幹部、政治家などになる人を育てていこうと考えています。

郡司真弓さんの報告

市民参加によるWE21ジャパンおよび福島の支援活動から実践する新たな社会づくり

WE21ジャパンは、家にあるいらないものを持ち寄ってリサイクルショップで販売し、その収益をアジアの女性支援に使うというNGO事業活動をしています。神奈川には今五六のWEショップがあり、これを三六の地域NGOが運営しています。女性たちが自己決定し、イニシアチブをもって自分たちの意志を表に出す場を神奈川県、日本に増やさなければいけない、と一五年続け、今では事業規模は年間約三億五〇〇〇万円になっています。これもすべて女性たちの知恵と底力の結果です。こうして得た資金を同じようなアジアの女性たちとつなぐ場へ支援するのが、もう一つの活動です。私たちはモノを送りはしません。大量生産・大量消費したツケをあなたの国に負わせないということで、お金を送ります。ただ彼女たちはお金よりも、日本の女性たちと連帯できているということにより勇気を得ているようです。またWEショップは隣国である韓国とも事業提携してお互いゆるやかに行ったり来たりしています。3・11以降、いわき市の女性に声をかけて情報誌「ここかしこ」やリーフレットをだしてもいます。また、いわき市では野菜はだめなので、ソウルで栽培したオーガニック・コットンの事業も展開しています。連帯するのは簡単なようで難しいですが、さまざまな中間支援組織を経て、たくさんの地域で、人びとが国を越えてつながるきっかけを作ることが私たちNGOの役割ではないかと思っています。

吉原毅氏の報告

協同組合こそ、よりよい経済、社会の建設に貢献できる

信用金庫は、地域のみなさまを幸せにするために生まれた協同組織金融機関で、そのルーツは協同組合運動にあります。「お金がすべて」という考えが蔓延した資本主義社会は「人の幸せとは何か」「国家や社会とは、そして人間同士の関係とは本来どうあるべきか」といった人間社会の本質的な問題から外れていく性格を持っています。国連は「利潤のみを目的とする株式会社よりも、人びとが互いに話し合って良識ある経営を志向する協同組合の方が、人間社会にとって望ましい」という考えから、二〇一二年を「国際協同組合年」とし、「世界の人びとが、協同組合の精神と活動に大きな期待を寄せる」と宣言しました。人間は、お互いに話し合い、道徳や倫理、良識を持って、健全な社

会、健全なコミュニティを作る必要があります。健全なコミュニティの中でこそ、お金も健全に使われるのです。そのために生まれたのが、協同組織金融機関である信用金庫なのです。当金庫が「原発に頼らない安心できる社会へ」というメッセージを掲げることになったのは、福島第一原発事故以降の政府や東京電力の対応に大きな不信感を感じたからです。違和感だけでなく強い憤りを感じ、「原発を止めよう」と皆で声を出していかなければいけないと思いました。地域を守って行くことが使命である信用金庫として、単に預金融資やお客様の相談に乗っているだけでは、もはや地域を守りぬくことはできないと本気で考えるようになったのです。

菅野芳秀氏の報告
「地域自給圏」をつくりだす
――山形置賜地区の取り組み

置賜地区は山形県の四分の一のエリア、人口二三万人、三市五町で構成されています。ここで「自給圏」を作りだしていこうという壮大な目標に向かって、二〇一四年四月に、三市五町の住民と首長、行政、森林組合、温泉組合、旅館業組合、居酒屋組合、飲食業組合等々が連携して三〇〇人規模の「置賜自給圏構想を考える会」が結成され、八月には社団法人「置賜自給圏推進機構」が発足しました。

この構想は、食と農、エネルギー、森の循環的関係、教育と学びの四つの視点で自給を育んでいこうとしています。その基盤となったのが「レインボープラン」です。街が生ごみを集めることで堆肥を作り、農家がそれを活用しながら作物を作って街に戻す、街が村の健康を守り、村が街の台所の健康を守り返す、地域の自給と環境の循環社会をみんなで作りだして行こう、というこのプランは一八年間にわたって続けられてきました。この自給圏をつくるにあたってはいろいろな人に意見を聞いてまわりました。地域経済の退潮はどうにもならないところまできているが、国レベルではできないことも置賜でならできる、なんとかしよう、という意見をさまざまな業界から聞くことができ非常に感動しました。何かを新たに創造する運動では、お互いの欠点を指摘しあうのではなく、いいところを評価しあい認め合うことが肝要です。これが未来づくり夢づくりのこつといえるでしょう。

チョン・テイン氏の報告のまとめ

市場経済社会は崩壊します。市場の動きに反対するさまざまな領域でのさまざまな種類の運動が起きています。労働組合、協同組合、地域の運動、女性の運動、国際連帯運動が、市場社会崩壊の被害を防ぐことができる運動であり、ここから新しい社会が生まれてくるだろうと思います。

二〇〇名をこえる熱心な参加者

参加者の感想はおおむね好意的で、「ソウル宣言の会」としては、ソウルで開催される「二〇一四年グローバル社会的経済協議会設立総会および記念フォーラム」へ向けて、日本での社会的経済のネットワーク作りの第一歩を踏み出すことができたものと自信を持ちました。

（牧　梶郎／「ソウル宣言の会」事務局員）

Ⅳ　二〇一四年グローバル社会的経済協議会設立総会および記念フォーラム

——社会的経済の世界的ネットワークのスタート[1]

はじめに

概要

二〇一四年一一月一七日～一九日にかけて、「グローバル社会的経済フォーラム（Global Social Economy Forum）２０１４——変革のための連帯」（以下、ＧＳＥＦ２０１４）がついに開催されました。主催はソウル市およびソウルＧＳＥＦ組織委員会、運営はソウル市社会的経済支援センターが担いました。会場は、ソウル市庁舎をメインとし、車で二〇分・電車で三〇分ほどのソウル市社会的経済支援センターおよびそこに併設される青年ハブで行われました。

参加総数は約四〇〇〇人。韓国からの参加者に続いて多かったのは、合計で一〇〇名以上の参加があった日本でした。参加者層としては、世界各国のさまざまな社会的経済組織の実践家、研究者、社会的経済の推進に積極的な地方自治体、そして国連やＩＬＯなどの国際機関などでした。

今回のフォーラムは、グローバル社会的経済協議会の設立総会と記念フォーラムという、二本立てで構成されていました。三日間の流れは次の通りです。初日は夜に招待客の晩餐会、二日目午前に記念フォーラムのオープニング・セッションと全体会、二日目午後から三日目にかけては多種多様な社会的経済組織や研究所等が主催した分科会が実施されました。そして三日目夕方には記念フォーラムのクロージング・セッションに続いて、社会的経済協議会の設立総会が開催され、グローバル社会的経済協議会の設立と今後の運営方針について記された「グローバル社会的経済協議会憲章（以下、ＧＳＥＦ憲章）」が採択されました。

GSEFの会場となったソウル市庁を背に「ソウル宣言の会」からの参加者

開催趣旨

今回のＧＳＥＦ２０１４開催趣旨として、当日配布されたプログラム・ブック[2]には次のことが書かれています。すなわち、ローカルな危機だけでなく、グローバルな危機を解決することを目指した集会であること、国際機関や地方行政、そして社会的経済組織のコラボレーションと連帯の場となるであろうこと、です。

そして今回のフォーラムは、単に海外の人びとを招くような昔ながらの会合のやり方ではなく、準備段階から、各国の自治体や社会的経済組織からの参加者を巻き込むことで、社会的経済の重要な要素である、「コラボレーション（協同）」と「連帯」の実践の場となることが目指されてきたといいます。最終日に採択されたグローバル社会的経済協議会憲章（以下、ＧＳＥＦ憲章）も、各国の主要な参加者の元に事前に草案が送られ、インターネットを通じてなされた議論を通じて、最終的に確定してゆきました。

ＧＳＥＦ２０１４のサブタイトルには「変革のための連帯（Solidarity for Change）」の文字が掲げられています。関係者からのスピーチや各分科会でのあいさつ等でも、今回のフォーラムを単なる情報交換の場ではなく、具体的に何かを変えてゆくためのアクションを起こす場にしよう、との決意が随所で語られていました。そして、国という枠を超えて（その意味で、国家を前提とした「インターナショナル」ではなく「グローバル」）連帯してゆくことの重要性も、繰り返し強調されました。

1　GSEFにおける「社会的経済」理解

社会的経済と連帯経済

社会的経済とは端的に言えば、[3]フランス生まれ、EU育ちの概念です。もとは、産業革命を経て工業化が進む一九世紀フランスにおいて、人びとの生活を支える制度や活動全般を指す概念および思想として登場したと言われています。たとえば、労働者の労働時間に制限を設ける制度や、労働者の労働・生活環境を支える労働組合の役割ほか、アソシエーションの手による民衆の生活改善活動などを指して議論されていました。しかしその後、資本主義市場経済の矛盾を解決する対抗軸としてマルクス主義の考え方が広まったこと、また福祉国家が成立してゆく中で、人びとの社会的なニーズを満たすのは国家であるとの考え方が定着し、社会的経済という考え方は廃れてゆきました。

しかし一九七〇年代ごろ、世界的な経済不況のあおりを受けて、当時のフランスの協同組合や共済組合、事業系のアソシエーションの経営も危機に瀕します。そこで、それら団体が一致団結をして生き残りを図るために、各組織間の連絡組織（Comité national de liaison des activités mutualists, coopératives et associatives: CNLAMCA）を作り、同組織の設立総会の場において、「協同組合・共済組合・アソシエーション」等を総称する概念として用いられたのが、社会的経済だったのです。その後EU（当時はEC）が、その政策に社会的経済を導入してゆく中で、上記組織に財団も加わり、社会的経済とはおおむね「協同組合、アソシエーション、共済組合、財団」を指すとの認識が、世界的にも定着してゆきます。

他方、「連帯経済」という概念もあります。[4]これは主に、南米諸国や、フランスで盛んに用いられるようになった概念です。南米諸国では、もともと貧しい人々がゴミ拾いで生計を立てるといった、インフォーマルな経済活動が多く見られました。とくに一九九〇年代の経済自由化によって多数の企業が倒産してからは、失業者が手工芸品や農園、廃品回収等の分野で協同組合を設立してゆく例や、倒産した企業を元従業員が買い取って労働者協同組合の形式で再起を図る回復企業、その他、食べ物を持ち寄って調理する共同キッチン、特に女性たちが手工芸品を作り販売する例、フェアトレード、マイクロファイナンスなどが盛り上がり、組織化されてゆきます。特に、世界経済フォーラム（ダボス会議）への抵抗として、世界社会フォーラムが二〇〇一年にブラジルのポルトアレグレ市にて開催されて以降、「連帯経済」というラベルが南米諸国に運動的に広まってゆきます。

フランスでは上述の通り、すでに社会的経済という考え方がありましたが、一九七〇年代ごろには、それは「協同組合、アソシエーション、共済組合を指し示す概念である」と、ある意味で固定化された使用法が普及していました。しかも、それら組織は大規模化し、当時噴出していたさまざまな新しい社会ニーズに対応していない、との批判も出されていました。その反面、多様化する社会ニーズに対応するように、さまざまな草の根の運動が出ていました。例えば、父母保育所、高齢者向けの在宅サービス、住民参加型の社会サービス組織等です。地域の小規模農家を地域で支える運動も出て来ました。これらは、南米からの影響もあり、「連帯経済」として自己規定してゆくようになったのです。

伝統的に社会的経済と称される組織が、組織の意思決定に対する組合員の参加など、組織内部の民主主義を強調している点で共通点を見出しているのに比べ、連帯経済と称される組織は、組合員か否かに関わらず、地域住民同士の助け合いや消費者ｰ生産者との連携などを重視し、むしろ組織外部にまで連帯を広めることを通して社会を変えてゆく点に着目していることが指摘できます。

歓迎の挨拶をするソン・ギョンヨンGSEF組織委員長

社会的連帯経済

以上、社会的経済と連帯経済の基本的な概念の出自を確認してきましたが、実際にはこれら二つの実態が時に重なっており、また両者が協力する（例えば、比較的新しい連帯経済の動きに対して、伝統的な協同組合等の社会的経済が資金的な支援を行うなど）場面も見られることなどから、近年は合わせて「社会的連帯経済」とする呼称も定着しつつあります。英語では「Social and Solidarity Economy」であり、「社会的な連帯経済」ではなく「社会的経済と連帯経済」という意味である点に注意です。今回のGSEFでも、一部の国際機関や社会的連帯経済の世界的なネットワーク組織など、日ごろ社会的連帯経済という呼称を用いているところは、そのままその呼称を用いる場面がみられました。

ＧＳＥＦ憲章から見る「社会的経済」

それでは、ＧＳＥＦで用いられている「社会的経済」概念を、今回のＧＳＥＦ最終日のグローバル社会的経済協議会設立総会にて採択されたＧＳＥＦ憲章から確認してみましょう。

まず憲章の前文において、「現在、世界の経済および生態系（エコシステム）が危機にさらされている。そこで我々は、社会的経済を通じ『より良い世界』と『より良い生活』を作り上げてゆくことが不可欠であると考える」と、ＧＳＥＦ２０１４およびＧＳＥＦ憲章策定の前提となる問題意識が掲げられています。これに続いて「社会的経済とは、信頼と協力によりこれらの問題を解決し、共同体の連帯性を深める経済のことを指す」と規定されています。社会的経済の具体的な組織例としては、「協同組合、コミュニティ企業、社会的企業、信用組合、マイクロクレジット、非営利組織等」が挙げられたうえで、「チャリティや社会的責任投資」も社会的経済に含まれると整理されています。

先に述べた、社会的経済と連帯経済の基本的な出自に照らし合わせると、ＧＳＥＦでいう社会的経済は、世界的には連帯経済と呼べるものも大いに含んでおり、社会的連帯経済と称される実態とほぼ重なっていると言えそうです。

またＧＳＥＦでは、社会的経済を市場経済に対抗しうる「もう一つのセクター」というよりも、市場経済、公共経済、および環境（エコロジー）と調和を取りつつ発展されるべきものとして位置づけています。エコロジーとは狭義には「生態学」を指しますが、近年では人間も生態系の一員であるとの視点から、人間生活と自然との調和・共存を目指す考え方として、より広義に用いられる場合もあります[5]。今回も後者の意味で用いられています。世界的に深刻になっている環境に関する危機に対応するためには、社会的経済が国際レベルで連帯することが急務であることは、昨年のＧＳＥＦから強く意識されています。

２　オープニング・セッション

ＧＳＥＦ２０１４は、二日目午前の朴元淳ソウル市長およびソウルＧＳＥＦ組織委員会（いわゆる運営委員会）の委員長である宋炅用（ソン・ギョンヨン）氏からの歓迎のあいさつで、幕が開かれました。

朴氏のスピーチでは、ＧＳＥＦ２０１４が、社会的経済を刺激することを通して社会問題の解決に取り組む革新的な地方自治体や社会的経済団体の「お披露目の場（ショーケース）」となるであろうこと、そして互いに経験やビジョンを分け合う場になるであろうと述べました。またソウル市としても、アジアの社会的経済のハブを目指してゆくとの意気込みが示され、この場にいる人びとすべてが手をつなぎ参加してゆくことを望むと語られました。

宋氏は、社会的経済を「命の価値を重んじ、不利な立場にある人びとに配慮する、人間中心の経済である。また、協同を通じて、より幸せな世界をつくりだすための社会運動である」としたうえで、次のように語りました。

キーノート・スピーチをする Pascal van Griethuysen 国連代表

「我々の住む世界は物質主義（マテリアリズム）に席巻されており、オルタナティブが必要とされています。人びとは、人間を経済活動の中心に置いた〝もう一つの世界〟の実現を望んでいます。（中略）ＧＳＥＦが、グローバルな社会的経済の発展に貢献したいと願う人びとの、〝踏み石（Stepping Stone）〟となることを望みます」。

続けて、各国・各機関のゲストからのスピーチがありました。例えば、国連社会開発研究所（ＵＮＲＩＳＤ）の持続可能な開発プログラム代表であるPascal van Griethuysen氏は、社会的連帯経済の特徴を、①文化的環境と自然環境に対する親近性、②利益追求ではなく価値の追求を重視、③社会変革への志向、という三つの観点から整理しました。さらに、社会的連帯経済の主体は、経済的なダイナミズムとともに、社会保護、環境保護、政治的エンパワメントの同時促進を図っている点で重要であること、そして社会的連帯経済は、連帯・公正・民主的ガバナンスといった価値からより広義に経済を捉えるものであると述べました。

その他には、バスク州政府（スペイン）、カナダの社会的経済組織であるシャンティエ、ソウル市（韓国）、川崎市（日本）、イタリアの協同組合、ＯＥＣＤの起業・中小企業・地域開発センター等からのゲストが登壇しました。

バスク州政府は、スペイン中央政府から独立した行政運営を行うためにも、確かな経済基盤を確立させる必要があり、その一環として「起業家精神（アントレプレナーシップ）」の育成に力を入れていることについて紹介しました。日本の神奈川県川崎市からは副市長の三浦淳氏が登壇し、市が直面している課題として人口減少と高齢化を挙げた後に、同市におけるさまざまな官民協働の取り組みを紹介しました。実際に、川崎市で障がい者雇用の促進を行うＮＰＯや、ＮＰＯの中間支援組織の方も参加していました。〝社会運動としての社会的経済〟を促進するにあたり、社会的経済の実践組織だけでなく、行政や国際機関を巻き込むことによってより体系的に促進しようとの意図がみられた点で、ＧＳＥＦ２０１４の特徴と意義深さが感じられました。

3　分科会紹介

分科会（セッション）は二つの種類に分けられました。一つは、グローバル社会的経済協議会設立総会の五つの主要テーマに沿った五つの「テーマ別セッション」、もう一つは、韓国社会的経済の担い手が、他国の担い手とペアを組んで共同で企画運営する一八の「ブレイクアウト・セッション」です。分科会の一覧は表の通りで、非常に多岐にわたるテーマが掲げられており、伝統的に「社会的経済」と呼ばれてきた協同組合（今回特に報告が見られたのは、生協と労協）だけでなく、フェアトレードや社会的責任投資、都市農業などの比較的新しい動きも含まれている点が特徴的です。以下に、いくつか印象に残った分科会を紹介してゆきましょう。

①「社会的経済とシェアリング・エコノミー」

シェアリング・エコノミーとは、何かを「共有（シェア）する」取り組み全般を指します。韓国からは、「ソウル・イノベーション・ビューロ」のGye Yol Leen氏が、シェアリング・エコノミーを大きく次の三つに分けて紹介されました。第一に「モノのシェア」（カー・シェアリング、就職活動をする学生向けのスーツのシェア）、第二に「空間のシェア」（共有ライブラリー、空いている土地の有効活用、高齢者の家の空き部屋を大学生に貸し出すサービス、シェア・ハウス、ソーシャル・ダイニング（一人暮らしの人が食事を共にする））、そして第三に「経験・知識のシェア」（地域住民がそれぞれ得意なことを教え合う）です。個人主義の進行を重く見るソウル市も、シェアリング・エコノミーを積極的に推進しており、「共有経済都市宣言」を出すとともに、空いている公共施設などを有効利用する為にビックデータを公開して民間主導のさまざまなサービス（例えば、ウェブ上での公共施設予約システムなど）の創出を促すなど、さま

ゲスト・スピーカーのJuan Maria Aburtoスペイン・バスク州政府代表

ざまな取り組みをしているそうです。他方で、法制度の整備が追いつかず、空き部屋への宿泊は旅館業法に抵触するのか否か、カー・シェアリングをする場合の所有権・課税はどうなるのか、など課題も多いようです。

日本からも、京都市・東山地区にて若手芸術家の支援を行う団体「東山アーティスツ・プレースメント・サービス（HAPS）」が報告を行いました。今回は特に、若い芸術家たちの住居として、市内の空き家をみつけてマッチングしたり、空き家の改装や地域づくりを、地域のさまざまな人びと（芸大生、大工、建築家など）を巻き込みながら行う様子が紹介されました。

最後に、ハンギョレ経済研究所Jae Kyo Seo氏が、シェアリング・エコノミーには、単なる金儲けの手段である場合と、真に人びとの参加を伴った民主的な経済である場合の二つがあると鋭く指摘した上で、後者を実現する為には、ガバナンス構造が重要であると強調しました。

②「労働者協同組合をいかに発展・強化・普及するか」

韓国、日本、モンドラゴン（スペイン）それぞれの労働者協同組合の運動や実践についての報告がありました。韓国では、本年四月に労働者協同組合連合会が発足し、連合会理事長として、韓国全土で飲食店のフランチャイズ事業を営んでいるHappy Bridge協同組合の理事長が選任され

表　GSEF2014分科会名および主催団体一覧

種類	No.	セッション・タイトル	ホスト
テーマ別セッション（TS）	1	社会的経済と教育	GSEF2014 Seoul Organizing Committee, School Co-operative Bureau
	2	社会的投資：ソーシャル・インパクト・ボンド	Korea Social Investment
	3	地域コミュニティ発展のためのアセット・メイキング戦略	Maeul, Seoul Social Economy Center
	4	社会的経済と国際組織の役割（⑤）	UN Inter-Agency Task Force on Social and Solidarity Economy, UNDP Seoul Policy Center, GSEF2014 Seoul Organizing Committee
	5	地方自治体と社会的経済	GSEF2014 Seoul Organizing Committee, Association of Korea Local Governments for Social Economy and Solidarity
ブレイクアウトセッション（BS）	1	社会的経済に関するアジアの政策対話	GSEF2014 Seoul Organizing Committee, British Council Korea
	2	社会資源としてのプロ・ボノ	Social Enterprise Support Network, Dongcheon Public Interest Foundation
	3	倫理的ファッションの産業クラスターの設立	Ethical Fashion Network
	4	社会的経済とシェアリング・エコノミー（①）	Hankyoreh Economic Research Institute
	5	社会的経済基本法の重要性と法律制定にむけた課題	Seoul Council of Social Enterprise
	6	アジアにおけるソーシャル・イノベーション：技術、戦略、リーダーシップ	Asia NGO Innovation Summit, The Hope Institute/Intel Asia

ブレイクアウトセッション（BS）	7	若者問題：社会経済によって解決されたもの	Korea-Japan Youth Forum（日韓若者フォーラム）, Work Together Foundation
	8	国外大都市の協同組合連合の役割	Seoul regional Co-operative Association
	9	地域の持続可能な発展とフェアトレード	Korea Council of Fair Trade Organizations
	10	労働者協同組合をいかに発展・強化・普及するか（②）	HBM Cooperative Management Institute
	11	理論と実践における社会的経済（⑥）	Seoul Social Economy Network
	12	都市農業：団塊の世代による第二の人生の収穫（③）	The Seoul Institute, The Urban Agriculture Institute of the Citizens, Association of Urban Agriculture, Eco 11
	13	ソウル宣言の意義と可能性	Seoul Declaration Research Group Japan（ソウル宣言の会）
	14	社会的経済とソーシャル・イノベーションの関連	Social Innovation Exchange, Spreadi
	15	協同組合第6原則「協同組合間協同」の意義と実践	iCOOP Co-operative Institute
	16	ソーシャル・ベンチャー・パートナーズとベンチャー企業のフィランソロピー（④）	Social Venture Partners Seoul
	17	社会的経済における地域化戦略と方策	Korean Federation of Worker Cooperatives, Seoul Association of Self-sufficiency Promotion Center
	18	社会的経済と環境	Green Asia

※分科会名は英語から日本語に訳した。主催団体名は英語表記のままとし、日本の団体のみ日本語表記を併記した。

※分科会名の右の番号は、本文中の「3　分科会紹介」と対応。

たとのことです。Happy Bridge協同組合は、モンドラゴンのTeam Academyや日本労働者協同組合連合会と、職業訓練プログラム構築等で協力関係を築き、今後とも連携を深めてゆくそうです。

③「都市農業──団塊の世代の第二の人生の収穫」

まず日本地理学会の菊池俊夫氏が、日本の退職後高齢者による都市農業の事例を報告しました。一ヘクタールに満たない小規模な農地こそが有機農業に向いている、そこで収穫されたものの販売形態としては、直売所こそが高齢者に向いている、といった都市農業独自の特徴や意義を指摘しました。

一方で、二〇〇九年頃から都市農業が盛んになっているという韓国では、都市農業は退職後高齢者の雇用・就労の場としても注目されているそうです。そうした人びとの支援をする機関として、ソウル市では二〇一三年に「人生二毛作支援センター」が創設されました。さらにこの分科会では、「なぜ都市農業を社会的経済の一環として捉え得るか」についての議論がなされました。明確な結論は出なかったようですが、こうした新たな動きを積極的に社会的経済の一つとして位置づけ、連携を模索する姿勢は、素晴らしいと感じます。

④「Social Venture Partnersとベンチャー企業のフィランソロピー」

Social Venture Partners（SVP）とは、ソーシャル・アントレプレナーと資金提供者を結びつける中間支援組織です。米国・シアトルに本部を持つSVP Internationalと、世界各国に三九のローカルSVPがあります。韓国では「SVPソウル」が、社会的経済に関する政府の政策では促進できないより革新的なビジネス・モデルの促進を目的に設立されました。他国のSVPと比較し、人びとの参加や社会的投資により重きを置いているとのことです。

⑤「社会的経済と国際組織の役割」

国際機関（UNRISD、OECD、ILO）や社会的連帯経済の国際的なネットワーク組織（モンブラン会議、RIPESSなど）による、社会的連帯経済の促進に向けた取り組みが紹介されました。途上国における社会開発プログラムや、先進国における若者向けの雇用創出といったさまざまな分野で、国際機関レベルからも社会的連帯経済の役割が注目され、具体的にその推進のための動きがあることが共有されました。加えて、国際機関と地域の行政や現場の社会的経済組織との緊密な「タテの連携」と、国際機関同士の「ヨコの連携」の強化を目指す方向性が、強く確認されました。

⑥「社会的経済の理論と実践」

分科会は全体として、実践報告が多くありましたが、本分科会は理論的課題をテーマに掲げた数少ない分科会でした。他の多くの分科会が半日であるところ、本分科会は終日行われました。前半は、韓国・日本・中国の社会的経済の実態調査を行った研究グループの報告、そして後半は、カール・ポランニーの理論枠組み（すなわち、経済を互酬・再分配・市場の三つの原理から捉える視点）から社会的経済を位置づける議論が、活発になされていました。特に、カナダ・ケベック州のモントリオール市のコンコルディア大学内に本部、フランスのパリ市に支部があるカール・ポランニー政治経済研究所⑥のアジア支部が、来年ソウル市に設立されるとのことで、同研究所所長のMargurite Mendell氏とソウル市の覚え書き（ＭＯＵ）締結も、並行してなされました。

4　ネットワーキング・パーティー

二日目の夜には、会場をソウル市庁舎からソウル社会的経済支援センターに移して、「ネットワーキング・パーティー」が開催されました。それぞれにランチボックスと飲み物、フルーツ等が供され、各参加者が思い思いに語らい

ネットワーキング・パーティー

ました。

会場は全体が木目調の、ぬくもりある空間です。普段はフリースペースとして、市民が活動の打ち合わせ等で自由に使えます。キッチンもあり、そこでみんなで調理をし、食事をしながら話すこともできます。オンドル（韓国式の床暖房）のあるスペースもあります。筆者が以前訪問したときには（二〇一四年三月）、まるで自宅に友人を招いた感覚で、リラックスして語らう人びともいれば、何やら一人で黙々と作業をする人など、さまざまな人がいました。自宅に十分な暖房器具がない人にとっての居場所ともなるようです。

このネットワーキング・パーティーの場を一段と盛り上げたのが、マジック協同組合と音楽演奏協同組合です。その名の通り、今回のようなイベントで、マジック・ショーや音楽演奏を行う協同組合になります。

5　グローバル社会的経済協議会設立総会

最終日夕方には、グローバル社会的経済協議会の設立総会が開催され、前出のMarguerite Mendell氏（カール・ポランニー政治経済学研究所所長）が議長を務めました。協議会設立の提案者として、イギリスのローカリティであるコミュニティ・リンクスのGeraldine Sarah Blake氏、フィリピン・ケソン市副市長のJosefina G. Belmonte氏、協議会の実行委員メンバーでありカナダ・モントリオール市のPointe-aux Trembles-Riviere-des-Praivies行政区長Chantal Rouleau氏、そして日本のソウル宣言の会コーディネーターである丸山茂樹氏が、短いスピーチを行いました。それぞれ、自国および世界の動向を踏まえ、社会的経済のさらなる発展の必要性と、その為のグローバルな連帯を強調しました。筆者としては特に、ケソン市副市長が同国の度重なる甚大な台風被害の経験を取り上げて気候変動に対する世界的な取り組みを訴えかけたこと、丸山氏が二〇一一年三月の東日本大震災に端を発する福島原発事故を挙げて、エネルギーのあり方や環境との共生を含めた社会のあり方を再検討する必要性とそれに向けた国際連帯の重要性を強調されたのが、印象的でした。

その後、社会的経済の普遍的な価値や、協議会の具体的な会員規約や運営方法などがまとめられた「グローバル社会的経済協議会憲章（ＧＳＥＦ憲章）」が、満場一致で採択されました。憲章の内容は次節で詳しく紹介しますが、これにより、過去二回は主にソウル市の資金を基盤に開催してきたＧＳＥＦを、今後は会員となる各社会的経済組織や自治体からの会費などを中心に運営してゆくこと。二年に一度、各国持ち回りでＧＳＥＦを開催すること。その際には、自治体と市民団体からなるアドバイザリー・グループ

GSEF組織委員会メンバー

を設置すること、などが決まりました。

そして次回、二〇一六年のGSEFは、カナダのケベック州・モントリオール市にて開催されることに決まり、事務局は引き続きソウル市の社会的経済支援センターに置かれることとなりました。

なお、総会時の各席には、「変革のための連帯（Solidarity for Change）」と書かれた色紙が置かれており、そこに参加者それぞれが、今後のグローバル社会的経済協議会にかける期待や想いを書いて紙飛行機にして飛ばす、というパフォーマンスも組み込まれていました。全総会参加者からの拍手によって、上記議案の採択がなされた後、色とりどりの紙飛行機が一斉に舞う様子は圧巻でした。国を超えた連帯が体感されるひと時であったと共に、さまざまな参加者からの意見・要望を広く聞いてゆきたい、との協議会のスタンスが表れているように感じました。

6　GSEF憲章について

さて、それではこの度採択された、GSEF憲章の中身について検討してゆきましょう。憲章は、前文と五つの章（うち終章は付則）から成ります（全文は、「資料編」を参照）。

第一章第一条では、グローバル社会的経済協議体のアイデンティティとビジョン・目標等が記されています。社会的経済の定義やその主な担い手として挙げられているものは前述のとおりです。第一章第二条には、協議会のビジョン・任務・目標が掲げられており、協議会が具体的に何をしてゆくのかを読み解く鍵はここにあります。まず協議会のビジョンとして、「市場経済、公共経済、社会的経済、そしてエコロジーの、調和のとれた発展を目指す」ことが掲げられています。現代社会の抱える課題はますます複雑になっていますので、社会的経済だけでなく、すべてのセクターと協力・連帯してゆくことは、重要な視点でしょう。

続いて協議会のミッションとして、「良質な雇用の創出」「公正な成長(fair growth)」の実現、そして「草の根民主主義」の発展や「持続可能な発展」が掲げられ、具体的な行動目標としては次の六点が掲げられています。

①グローバルな社会的経済の主体同士で、人的・物的資源を交換し共有するプラットフォームの構築:プラットフォームは、オンライン・オフラインの二種類が構想されています。

②自治体と社会的経済組織とのパートナーシップ構築の支援

③それぞれの地域における社会的経済組織とその支援機関との協同事業の促進:これによって、グローバルなレベルで、社会的経済の生態系を広げてゆくことを目指しています。

④貧困や低開発に苦しむ途上国支援に対する協力:社会的経済の国際的な連帯の形の一つです。

⑤自分たちが重視する社会的価値と両立可能な、他のさまざまなグローバルな運動との連携

⑥社会的経済を支える基金の設置

協議会の会員は正会員・準会員・名誉会員の三つの種別に分かれています。正会員になれるのは、自治体と社会的経済団体です(第二章第三条)。その他、定期総会は二年に一度開催されること(第三章第六条)、総会開催に向けては議長都市と運営委員会を置き、議長都市の自治体代表と社会的経済団体から選ばれた代表を共同議長とすること(第三章第七条)、事務局は韓国・ソウル市に置くこと(第三章第八条)、など細かな運営上の規定が定められています。財源は、会員からの登録費や年会費、各自治体や国際機関および認可された民間機関から出資された共同事業資金、寄付金、物販やイベント参加費等からの収益から得られるとしています(第四章第九条)。

7　国際的な意義と位置づけ

社会的経済を巡る国際動向

朴ソウル市長と日本代表との懇談会

今回のGSEF、およびグローバル社会的経済協議会設立の意義を、国際的な文脈から捉えてみましょう。すでに国際的には、さまざまな国で、社会的経済（ないしは社会的連帯経済）に着目する動きが高まっています。例えばブラジルでは、他国に先行して、二〇〇三年に雇用労働省内に「連帯経済局」が設置されました。近年では、スペインで二〇一一年三月に社会的連帯経済法が可決、二〇一四年七月にはフランスでも同様の法律が可決されています。その他、エクアドル（二〇一一年）、ギリシャ（二〇一一年）、メキシコ（二〇一二年）、ポルトガル（二〇一三年）でも、社会的経済の促進を掲げた法律が制定されています。[7] 韓国で二〇〇七年に成立した社会的企業育成法も、同様の流れにおいて捉えられるでしょう。

各国において、草の根レベルでの社会的経済の動きは、もちろん古くからありました。それが近年、国家政策レベルで着目され、推進されようとしているのには、雇用を伴った経済発展や、貧困および社会的排除にさらされる人びとのエンパワメント、民主主義の実質化と強化、一人一人のニーズに即した社会サービスの提供、各国・各地域の文化や状況を尊重した多元的な（画一的でない）経済・社会開発などのさまざまな面で、社会的経済が果たす役割に光があたっているという背景があります。

国を超えたグローバルなレベルでの社会的経済の役割も、

ますます重要になってきています。国際機関においては、古くはＥＵ（当時はＥＣ）が、一九八〇年代ごろから社会的経済に注目してきました。近年では国連社会開発研究所（ＵＮＲＩＳＤ）が、ミレニアム開発目標の達成年限後における国際開発目標である「ポスト二〇一五年開発目標」の策定プロセスの中で社会的連帯経済の重要性に着目し、社会的連帯経済の意義と役割を可視化させることを目指したタスクフォースを設置しました。タスクフォースのメンバーにはＵＮＲＩＳＤの他、ＩＬＯ、ＦＡＯ、ＷＨＯ、ＵＮＥＳＣなどの一四の国際組織、そして市民社会側からは、ＩＣＡ、モンブラン会議、ＲＩＰＥＳＳの三つの組織がオブザーバーとして参加しています[8]。

社会的経済の世界的ネットワーク

社会的経済の国際的なネットワーク組織としては、他にどのようなものがあるのでしょうか。例えばＲＩＰＥＳＳ（Réseau International de Promotion de l'Économie Sociale Solidaire：社会的連帯経済促進のための大陸間ネットワーク）です。ＲＩＰＥＳＳ−ヨーロッパ、ＲＩＰＥＳＳ−北アメリカ、ＲＩＰＥＳＳ−中南米・カリブと、大陸ごとにネットワークがあり、一九九七年にペルーのリマで初会合が行われて以降、四年に一度、それぞれが一同に会する国際会議が開催されています。アジアにはＲＩＰＥＳＳ−アジアはなく、もともとＡＳＥＣ（Asian Solidarity Economy Coalition：アジア連帯経済連合）があり独自に活動していましたが、近年はＲＩＰＥＳＳの国際会議に合流して共同で集会を行っています。同様にアフリカにはＲＡＥＳＳ（Réseau africain d'économie sociale et solidaire：アフリカ社会連帯経済ネットワーク）があり、これもＲＩＰＥＳＳの国際会議に合流しています。二〇一三年五月には、フィリピンにてＲＩＰＥＳＳ第五回国際会議が開催され、筆者も参加しましたが、アジアからは東南アジア（特にフィリピン・マレーシアなど）からの参加者が主で、日本・韓国・中国からの参加者はほぼ見られませんでした。

他にはモンブラン会議（The Mont-Blanc Meeting）[9]があります。世界経済フォーラムへの対抗軸として、欧州、特にフランスを拠点として活動する協同組合・共済組合・アソシエーション等の活動家や事業者が集まり、二〇〇四年に開催されたのが始まりで、翌年の二〇〇五年以降は隔年で開催されています。毎回、フランスとイタリアの国境に位置するヨーロッパ・アルプスの最高峰モンブランの麓にあるリゾート地、シャモニー・モンブラン（フランス）で開催されることから、その名がつけられています。日本からもこれまで、生活クラブ生協や市民セクター政策機構、ワーカーズコレクティブ・ネットワークジャパン、その他関連する研究者など、多くの人が参加してきました。しか

GSEF設立総会を前に談笑する海外参加者

し、会場は毎回フランスであり、主要言語として英語だけでなくフランス語も飛び交うなど、アジアの動きからは若干遠い印象がぬぐいきれず、具体的な連携も難しい実態があるようです。

グローバル社会的経済協議会の特徴と位置づけ

以上、既存の社会的経済（ないしは社会的連帯経済）の国際ネットワーク組織を踏まえ、今回のグローバル社会的経済協議会の特徴を考えてみると、次のことが言えます。

第一に、「アジア発から世界へ」という流れが見られる点です。すでに、欧州や南米発の社会的経済および社会的連帯経済のネットワークは存在していましたが、アジア発のそれは未だ弱いという実態がありました。前述のとおり、ＡＳＥＣというアジア（特に東南アジア）を中心とした社会的連帯経済ネットワークはありますが、日本・韓国・中国などは十分にカバーされていませんでしたし、草の根団体のネットワークという色が濃く、体系的に行政や研究機関などを巻き込んで社会的経済の促進につなげる取り組みは不十分でした。また、既存のネットワークはそれぞれ独自の出自や文化を持っており、時に互いに反発する場面も見られます。ＧＳＥＦもその例外ではありませんが、それでもその点をかなり意識的に乗り越えようと、既存の他のネットワークや国際機関との連携を図ろうとしていたように感じられます。ＲＩＰＥＳＳやモンブラン会議、ＵＮＲＩＳＤやＩＬＯ、ＯＥＣＤなど、非常に多岐にわたる組織の人びとが招へいされていたのはその表れでしょう。

第二に、行政を意識的に巻き込んでいる点です。社会的経済組織同士のネットワークの域を超えて、社会的経済に関心を持つ行政や国際機関を巻き込むことで、より現実的に社会的経済を主流化してゆく方向性が見えます。ＧＳＥＦの運営に携わった方の話では、韓国の社会的経済の発展を考えるにあたっては、欧州のモデルよりもカナダ・ケベックのモデルを参考にしたそうです。なぜなら、欧州モデルの基盤には人びとの日常的な助け合い文化や教会を中心とした地域組織があり、個人主義が進行する韓国にそのまま導入するのは困難に思われた一方で、ケベックモデルは、市民側の努力だけでなく行政との連携によって社会的経済が推進されており、これなら韓国にも導入できるのではと考えたからだそうです。この考え方は、日本の運動にも参考になるのではないでしょうか。

また、現代社会の抱える問題はますます複雑になっており、すべてが社会的経済のみによって解決されるということはないでしょう。その意味でも、他のセクターとの連携を重視したグローバル社会的経済協議会の視点は、非常に先駆的なものであると言えます。

8　その他のポイント

今回のＧＳＥＦ２０１４は、前年のＧＳＥＦ２０１３を引き継いではいますが、実際の準備は、二〇一四年六月のソウル市長選が終って朴市長の再選が確定するまでは十分に動けなかったとのことです。そのため事務局側は、開催準備、本来ならば相当前もって調整しなくてはならない他国の自治体や国際組織からの要人の招へいには大変苦労したそうですが、見事に成功させました。短期間でこれだけ多くの分科会や海外ゲストの招聘を成功させたのは、関係者の並々ならぬ努力の賜物であったと思いますが、その前提として、社会的経済組織側の連携があったことや、ソウル市社会的経済支援センターという確固たる事務局基盤があったことも見逃せません。

社会的経済支援センターについては、見る限り若い方の姿が目につきました。数カ国語を操るスタッフもおり、学生インターンも流暢な英語を駆使してＧＳＥＦの運営を支えていたといいます。いかなる運動を行うにしても、まずは人材が重要であること。特に国際的にネットワークを広げてゆくには、語学に通じた人材の養成・確保が必要であることが痛感されました。

実際の運営に関しては、前年のＧＳＥＦ２０１３同様、

ＧＳＥＦ協議会設立の瞬間

ソウル市および朴市長が強力なイニシアチブをとったことは間違いありません。しかしＧＳＥＦ２０１４では、ソウル市が大部分の資金提供をしつつも、実際の運営は別途「組織委員会」を作ってそこが自律的に動くように工夫され、社会的経済の運動側の要望を、ソウル市や組織委員会が柔軟に取り入れていったことで、今回のような非常に多様性ある分科会も実現されたようです。

また、ＧＳＥＦ２０１４自体が、社会的経済の循環の場となっていた点も素晴らしかったと思われます。前出のマジック協同組合や音楽演奏協同組合に加え、ＧＳＥＦ会期中を通して行われたすべての通訳を担った通訳協同組合も活躍しました。二〇一二年制定の協同組合基本法により、このようなユニークな協同組合の設立も多く見られるようになったとのことです。各種フェアトレード団体や社会的企業のコーヒーやお菓子もふるまわれました。

まとめと今後の展望

以上に述べてきたとおり、大変な盛り上がりを見せたグローバル社会的経済協議会の設立総会および記念フォーラムでありますが、今後の動向については不確定な要素も多いというのが実情でしょう。例えば、今回憲章が採択された「グローバル社会的経済協議会」に、いったいどれだけの人・組織が参加するのか。今回のフォーラム参加者数で、韓国に続いて二番目に多かったのが日本であったことを考えると、日本からこの動きにどこまで参加してゆくのかが、協議会の今後の動向を占う一つの試金石になるとも言えます。日本やアジアにとどまらず、世界的な社会的経済・社会的連帯経済の運動と仲間割れすることなく、上手く連携・情報交換をしてゆくことが、特に環境問題などエコロジカルな課題に対処する上では重要になってくるでしょう。

他、協議会の事務局はソウル市に置かれるわけですが、もし今後、朴氏が市長から退任する時が来たらどうなるのでしょうか。予算確保等の面で不利になることは間違いありません。今後は、ソウル市の強力なイニシアチブに任せきりにするのではなく、各国の社会的経済組織や自治体が連携をさらに強め、主体的に動く必要があると言えます。

（**今井迪代**／明治大学大学院博士後期課程）

【注】

（1）本章は、今井迪代・熊倉ゆりえ（二〇一五）「グローバル社会的経済フォーラム参加報告」『いのちとくらし研究所報』第49号（近刊）の内容を大幅に加筆・修正して執筆した。

（2）"Inagural Meeting of the Global Social Economy Forum Program Book", 2014. 11. 17-19. Seoul, Republic of Korea.

（3）社会的経済概念に関する考察は、富沢賢治（一九九九）『社会的経済セクターの分析——民間非営利組織の理論と実践』（一橋大学経済研究叢書）などを参照。

（4）世界の連帯経済については、さしあたりジャン＝ルイ・ラヴィル編著（二〇一二）『連帯経済——その国際的射程』（北島健一・鈴木岳・中野佳裕訳、生活書院）を参照。

（5）『デジタル大辞泉』（小学館）の「エコロジー」の項を参照。

（6）Karl Polanyi Institute of Political Economy（http://www.concordia.ca/research/polanyi.html）

（7）廣田裕之氏「廣田裕之の社会的連帯経済ウォッチ」（http://www.shukousha.com/category/column/hirota/）; Rafael Peels（2013）"Legal Frameworks on Social and Solidarity Economy: What is the Role of Civil Society Organizations in Policy Making?" UNRISDウェブサイト、Blogs and Think Pieces（http://www.unrisd.org/unrisd/website/newsview.nsf/(httpNews)/4F3B00A8643CF846C1257B7A00477D13?OpenDocument）

（8）UNRISDウェブサイトより　http://www.unrisd.org/

（9）ウェブサイト　http://www.rencontres-montblanc.coop/ 他、次の文献を参照した。古沢広祐（二〇一二）「（第五回モンブラン会議報告）社会的経済・連帯経済の国際動向——地球サミット20年（Rio+20）への提言」『社会運動』三八四号、二〇一二年三月一五日。粕谷信次（二〇〇五）「社会的経済の促進・世界の動向——初めての社会的経済の世界会議・モンブラン会議に出席して」『大原社会問題研究所雑誌』№.554、二〇〇五年一月。

V

ソンミサン・マウルと原州市

——社会的経済が体験できる街

日本社会の貧富の格差は確実に広がっています。厚生労働省の統計で二〇一四年九月の生活保護受給世帯は一六一万世帯で過去最多となった一方で、一億円以上の金融資産を持つ富裕層が初めて一〇〇万世帯を突破しました。平均的な所得の半分を下回る貧困世帯でくらす子どもは六人に一人、母子家庭が多数を占めるひとり親世帯の貧困率は五割を超え、貧困は、高齢者ばかりか現役世代、女性、若者、子どもまであらゆる層に広がっています。

東日本大震災、福島原発事故から四年目を迎えました。福島では一二万人以上の避難者がいまだ故郷に帰れず、避難先で四度目の新年を迎えています。原発事故被害者の救済は「帰還推進」ばかりが強調され、放射能被ばくに対する対策は軽視され、住宅支援の打ち切りなど「棄民」が進められています。その一方で、政府と経済界は、原発再稼働を急いでいます。原発にとどまらず、３・11の痛恨を経て、日本の協同組合は未来に何を残すのかが本当に問われていると思います。日本の現状の困難に対して市民の側からの解決のアプローチの方法について対案を提起し実践する必要性に迫られています。現政権がすすめる国家主義（市民がいて国家があるのでなく、国家があって市民がいる）とグローバリズムに対して社会的連帯経済のネットワークが問われているのだと思います。

私自身が職員として関わっているパルシステムも含め日本の消費生協は「購買事業」として成長してきました。特にパルシステムでは生産者と共にすすめてきた「産直」運動は大きな成果を収めています。「産直」運動は「電気の産直」など再生可能な市民エネルギー分野への参入や、ＴＰＰを中心としたグローバリゼーションに対して「抗う人びとと地域の対案運動」として、地域との結びつきを通じて具体的に対抗していく運動として成果を収めつつあります。

しかし、関東圏の都市部を主要エリアとして活動するなかで、貧困や原発事故被害者の現場で「当事者支援」活動で汗をかきセーフティネットを形成し、政策提言までおこなっている市民団体やNPOの活動を、協同組合がどこまで理解し、つながっているのかが大きな課題であり問題として考えてきました。日本の市民団体やNPOの大半は脆弱な財政基盤で運営しています。韓国や欧米のように「寄付の文化」が根付いていないため、市民団体やNPOの多くは生協が実施する「市民活動助成金」に応募し活動資金の助成を受けています。ただ、こうした連携も、貧困支援の現場で何が起きているか、当事者との対話から運動と政策提言までおこなうレベルに至ってはいません。

さまざまな社会的運動に取り組む市民団体がそれぞれに「現場に関わり」「社会に問題発信し」「政策提言する」、さまざまな社会的課題に取り組む活動を横につなぎ「社会的連帯運動」のプラットフォームになり、総合的な政策提言、資金調達と社会的な事業化、人材育成などの役割を果たす！　これも協同組合の重要な役割だと思います。「ソウル宣言の会」が企画した「GSEF設立総会+社会的協同組合視察」に参加することで、今、身近にあるそれぞれの「生きづらさ」について向き合い、「現場」「支え合う活動と事業化」「政策提言」など協同組合としてやらなければいけないことがたくさんあることを、韓国の実践事例によりあらためて学ぶことができました。

1　ソンミサン・マウルを訪ねて

ソンミサン・マウルはソウル中心部の麻浦区（マッポク）に位置します。カトリック大学校、西江大学校、弘益大学校があり、徒歩圏内に学生街でもあり安くて美味しい焼肉屋さんが並ぶ街、新村があります。ソンミサン・マウルは標高六〇m余りの小山（サンは山の意味）を取り巻く地域で約七〇〇世帯がマウル（都市部ではコミュニティ）を形成しています。

ソンミサン・マウルの始まりは共育
――お金を出しあえば、自分たちの求める保育園を、自分たちでつくれてしまう!

ソンミサン・マウルの歴史は、一九九四年にさかのぼります。当時、ソンミサンは外から引っ越してきた若い家庭が増えて、共働きで子どもが一～二人という家庭がほとんどでした。画一的な幼稚園の姿に疑問を感じた二五組の共稼ぎ世帯が、「お金を出し合って、自分たちの求める保育園を、自分たちでつくろう」と考え、共同育児施設「私たちの子どもの家」を設立しました。韓国初の共同育児協同組合「ウリオリニチップ!」、さらに民主化運動の闘士だ

概念	都会でマウルはコミュニティ（農村のマウル（村）と違う）
規模	約500〜700世帯、30〜40代家族中心（世帯増加中）
ネットワーク形成	団体、店、同好会等、約70余り 各単位がすべて独立のコミュニティを形成
歴史	偶然の出発と自覚、そして新しい企画
沿革	山の保全運動から20年、まちをつくる運動から12年が経過 初　期（1994〜2000）／協同保育協同組合保育園 マウル（2001〜2003）／生活協同組合設立しソンミ山保護運動（排水地施設計画発表→ソンミ山保護キャンペーン→物理的な抵抗→世論形成（公聴会）→排水地建設計画廃止） 拡　大（2003〜2010）／さまざまな実験と試み 転　換（2011以降）／他の町のコミュニティ活性化支援
主な年間行事内容	2月／小正月地神祭　4月／ソンミ山植樹　10月／マウル運動会 12月／年末情報疎通大会（問題を抽出し話し合う場）
文化のキーワード	【基本の考え方】:「差異と共存」-「配慮と共同」※自発性を高める 性平等文化　争わない　意思疎通重視　当事者主義　自発性（やりたい人が行う）　多様性認定　水平的組織　呼称の平等（ニックネーム）
教育システム	【生涯周期によるシステムを構築】 保育園　学童保育　対案学校　放課後プログラム 成人式（自分の子ども以外でも成人式に参加してまち全体で祝う）

った三八六世代が育児という現実的な壁に直面しながら、公立小学校に上がる子どもたちの為の放課後保育施設を設立し、共同保育を通じて関係性を築いたそうです。

その後、子どもたちの成長や、生活の中でのニーズに応じて、学童保育やフリースクールに活動が発展していき、二〇〇〇年には「麻浦ドウレ（助け合い）生協」（組合員八五〇〇世帯）が設立されます。この生協は、地域との関係を子どもを持つ親だけに閉じるのではなく、「安全な食」をキーワードに、子育てなどのさまざまな問題を地域全体で広く取り組む受け皿となりました。

ソンミサン保護運動

二〇〇一年、ソウル市はソンミ山に配水施設を建設する計画を発表しました。ソンミ山には住宅街のすぐ隣に雑木林があり、子どもたちの遊び場、大人の憩い・運動の場でした。子育て世代の新住民と、以前から暮らしていた旧住民とが連帯して山の自然を守る運動を展開し、二〇〇三年に計画を中止に追い込みました。この出来事は、コミュニティのつながりを深め、急拡大するきっかけとなったのです。

ソンミサン・マウルの多種な活動
――やりたいことを口にしたら、実現してしまう街

今では、ソンミサン・マウルの活動は、一四の協同組合、

七〇カ所の店舗・施設を運営しています。育児・教育（学童保育、一二年制フリースクールなどもある）にとどまらず、さまざまな分野にわたっています。

いずれも、ソンミサン・マウルの住民が、自分たちの必要に応じて議論し、設立・運営しています。例えば、コミュニティ・カフェは、アトピーの子どもの「アイスクリームが食べたい」との声に応えようとできたもの。惣菜屋は、共働き世帯などの忙しい人たちのニーズから作られました。いずれの事業も、政府・自治体からの継続的な援助を受けることなく、独立採算で運営されています。

失敗した例もありますが、ソンミサン・マウルは、「やりたいことを口にしたら、実現してしまう街」と自称しています。①わがまま歓迎、②けんかワクワク、③優秀なリーダーは要らない、④仲間とのリスクは楽しい、⑤意見一致を頑張るより、やってみる——が、《ソンミサンする五カ条》だそうです。

ソンミサン・マウルの活動事例の紹介

以下に、活動の事例を紹介します。

■共同住宅専門施工社／ソヘンジュ（疎通がある幸せな住宅）　〝家を探すのが大変!〟という声から、マウルを基盤に株式会社を創業し、コミュニティ形成を目的としたエコハウジング、大家族を感じられる住居空間（シェアハウス）を創っています。住みよい住居にするために設計から住人が係わり、現在三号住宅推進中です。共同住宅といっても大規模ではなく、一、二号住宅は各九世帯です。共有スペース、共同倉庫もあります。

共同住宅は建物が先にあるのでなく、住む人が寄り集ってそれぞれの好みで部屋を設計していくシステムで、一人一人が一戸建てをたてるのに似ています。建築家もソンミサン・マウルの人です。見学にいった共同住宅には共有のダイニングキッチンがあり、女の人が晩ごはんの準備をしていました。住人ではなくお金をだしあって雇った料理人で、住人は一日に一回は一緒に食事をしようということにしているようです。親が急に残業になっても、いつも通りのちゃんとしたごはんを信頼できるご近所と食べられる環境は、親子双方の精神衛生に良いシステムだと思われます。夕食後もしばしば男性同士の居酒屋的交流スペースになるといいます。

■ソンミサン・マウル劇場　「市民空間「NARU（ナル）」（ソンミサン・マウル劇場）は、二〇〇九年にオープンした住居圏内の複合文化芸術空間です。女性民友会、緑交通、市民行動、環境正義の四団体が土地を買ってビルを建て、公有にしています。運営は協同組合ですが必ずしも容易ではないようです。シアターは地下にあり、住民のミーティングもここで行います。

ソンミサン・マウル劇場で説明を受ける「ソウル宣言の会」メンバー

■ソンミサン食膳（有機農食堂）　住民の要求を基に住民（料理好きのお父さんが〝脱サラ〟）が自発的な事業として二〇〇〇年に一〇人の出資によって開始。二〇一〇年にはドウレ生協を通じて生産者と直接取引し、出資者一〇〇名（個人および団体）を募り食堂をオープンしました。材料はドウレ生協が産直で調達可能な有機農材料です。

■マッポ希望分かち合い（ケアトゥレ＝福祉）　二〇〇五年に後援会員三〇〇名で開始。生活支援（おかず支援、家事支援、移動支援、家の修理、等）や児童支援（心理相談、学習支援、等）を実施しています。

地域コミュニティにもとづいたケアシステム、ケースワーカー養成および事業運営も行っています。

■子ども書店「ケトギネの遊び場」　二〇一一年オープン。ポリ出版社支援で設置。子どもたちの文化空間として機能しています。

■ソンミサン町内講　二〇〇五年設立。相互扶助と親睦を図る集まり。相互扶助と親睦をはかる集まりの場として各団体が出資し運営しています。

マウルの金融機関を指向して、二〇一一年現在、講参加者は九〇名です。

■ソンミサンまちの金庫（金融セーフティネット）　二〇一一年三月に自助的協力システムとして一四会員団体で運営。預かり金約五〇〇〇万ウォン、積立金は毎月約一〇〇〇万

自分たちで作った石鹸などを売る主婦の店

ウォンです。町民との信頼関係で構築していますが、現在、特に問題は発生していないとのことです。

■**石鹸トウレ（お母さん達の作業共同体、石鹸、アロマ等生活用品の生産）**　自然熟成石鹸、アロマ用品、ハーブ指圧枕、小豆ホットパックなどを取扱っています。

二〇〇七年の祭りを契機に、衣類や日用品を自宅で製造して生協に納品している団体もあるそうです。

■**響きドウレ消費者生活協同組合（(旧)マッポトゥレ）**　二〇〇〇年三月設立。初期発起人一二人、二〇一三年現在七〇〇〇世帯、常勤者も一人から現在は六〇人です。二〇〇三年法人に転換し、マッポ区に合計三店舗を擁し、有機農水畜産物と生活用品等、多様な物品を販売し、二〇一二年の年間売上高は六〇億ウォンです。

■**テサリムカゲ（蘇らせる店）**　二〇〇七年設立されたマウルで唯一の非営利店で、ボランティア一四人の協同組織です。リサイクルショップ、各種講座およびフリーマーケットを主宰し、地域貨幣（トゥル）を流通させています。購買時には、現金五〇％＋地域貨幣（トゥル）五〇％で買うことができます。

■**針トウレ**　二〇〇七年設立。祭りを契機に出発。自分の家で作業して、そばがら枕、ハンカチ、綿生理帯、かばん、衣類等を生協に納品しています。

■**モグラ実験室**　二〇一三年四月オープンした青少年休息

カフェ、集まりでの使用も可能な一〇代のコミュニティ空間です。メニューはおにぎり、マフィン、スコーン、各種茶、コーヒーなど、価格は低廉です。

■ソンミサン工房　二〇〇九年オープン。ソンミサン学校が支援する障がい、非障がい統合作業場です。天然パスカルキャンドル、羊毛フェルト、ヴァルドルフ人形などを制作しています。

■トンネプオク（まちの台所）　二〇〇二年設立された最初のマウル企業です。八人のお母さんが出資して始まった有機農物菜店で、三名の職員で運営されています。

■チャグンナムカフェ（小さい木カフェ）　二〇〇四年開店。アトピーの子どもでも食べられるアイスクリームを作りたい、とお母さんたちが有機農アイスクリーム専門店「こかげ」を創業。二〇〇七年「小さい木」として再開店。

五人のお母さんが共同創業→ソンミサン学校教師委託運営→住民出資に拡大（現在、出資者二〇〇人）→協同組合転換推進という歴史をもつ代表的なマウル企業です。

水曜音楽会、キャンドルナイト、マウル写真展等、文化空間であり応接間の役割も果たしています。

■リラ（ヒーリング＆アート）　二〇一〇年一二月オープン。女性が中心の治癒とアートの空間です。

■マッポＦＭ　マウルから始まり、マッポ地域放送局に転換した共同体ラジオ放送（コミュニティＦＭ）で、障がい者、性少数者などの当事者の番組もあります。

■マッポ医療生活協同組合　二〇一二年六月創立、二〇一三年下半期に病院を開院しています。

■ウリ動物病院生命協同組合（ウリドンセン）　二〇一四年五月二五日創立、組合員一四二名。動物代表は犬の「ポリ」。二〇一四年中に動物病院設立を目標としています。

ソンミサン・マウルの行動原理に触れて

ソンミサン・マウルには突出したリーダーは不在で、意図して作らないようにしているそうです。理由は強力なリーダーがいると周囲が依存するようになるし、失敗すればその人のせいになるからです。数名単位の小さいグループリーダーがたくさんいて、七〇程の組織がそれぞれ独自に活動しています。

意思疎通重視、当事者主義、自発性（やりたい人が行う多様性容認）、水平的組織、呼称の平等（ニックネーム）、性平等文化、が基本的な原理となっています。

ソンミサン・マウルコミュニティの特徴は、先ず個の生活ニーズがあることです。住民の側の共通の課題に対して、解決策の知恵や資金を持ち寄ることで事業を立ち上げ、その事業を利用することで解決を図る、このような事業体は、現地ではソンミサン・マウルの「マウル」をとってマウル企業と呼ばれています。ソンミサン・マウルでは、かって

住民が設計からかかわって建てた共同住宅

のムラのように、個々人の仕事や生活を支えるために必要なものを共につくり、運営し、住民たちはその文化を共有していきます。さまざまな施設やスペースよりも、人びとの関係を重視し、マウルとは、場所や施設のことでなく、関係のネットワークを指しているそうです。

「私たちは教育界と国家に、子どもの教育の問題を解決してくれと押し付けなかった。私たちは、きわめて独立志向である。干渉を受けるのがいやで、つまらなくて退屈なことに我慢できない。誰もが面白くて意味のある人生を生きたいだろう。できるなら、そのように生きてみようではないか」と自分たちのことを表現しています。

韓国ではソンミサン・マウルのようなコミュニティが五〇以上形成されています。国が個人の困難を決定し解決策をあてはめる「ニーズ決定型」から、個々人が抱える困難を表にだして新たに社会参加を行う「ニーズ表出型」への転換が社会レベルで図られているそうです。それを支えるのが「社会的企業育成法」「協同組合基本法」「ソウル市社会的経済基本条例」などの各種の支援法といえます（後で触れる）。そして当事者自身が自律的に問題を発見し解決していくこと、そして多様な人びとを包摂し「私」から「私たち」をつくっていくプロセス自体に価値が見出されています。

「私から私たちをつくるプロセス」は生協の成り立ちそのものです。

ソンミサン・マウルの実践でのもう一つの特徴は「共同育児」を協同組合方式で運営したことから始まっています。生協、コミュニティ・カフェ、コミュニティ・レストランなどを共同出資でつくっていく経験を積み重ね、協同組合、共同出資を通じて、相互扶助、分かち合いといった文化が形成されていき、複数のコミュニティや市民事業が重層的に関係性を構築し、さらなる地域の繋がりが強まっています。

それを支えるのが「教育」にあると感じます。ソンミサン・マウルの重要なコミュニティで関心を持ったのは「代案学校」であり、ソンミサン劇場、教育と空間の提供と重層的な市民事業の「現場実践」が結果的に実践にもとづく「協同実践の為の生きた学校」に繋がっているのだと思います。

ソンミサン・マウルとソウル市の役割

今回の韓国視察の最大目的であったGSEF設立総会の推進役を担った朴元淳ソウル市長は二〇一一年にソウル市長に当選した後、「まちの共同体の再生」という公約を実現すべく「第二のソンミサン・マウルを一五カ所つくる」と宣言し、次年度以降の事業計画に盛込み、ソウル市の職員たちにこのような方針を示したそうです。

子ども書店の内部

二〇一一年一一月三日の「ハンギョレ新聞」の記事から朴市長の発言を引用します。

「まちの共同体復元事業の基本原則は〝住民主導〟と〝公共支援〟である。住民たちが共同体の再生に必要なことを自発的に探り、まちの生態系をつくっていくようにし、ソウル市がこれを後押しするというものだ。具体的には、まちの生活協同組合、惣菜店、リサイクルセンター、コミュニティカフェ、保育施設などのコミュニティ型の企業を育成し、コミュニティの商業圏を再生する。このように地域の雇用を創り出し、保育−憩いの場のような基盤施設を用意していくことを支援する。住民が先頭に立ち、ソウル市、自治区、企業体、社会的企業、市民団体などがガバナンスする方法である」。

二〇一四年八月二三日更新版の「人民新聞オンライン」にも以下のような報告がされています。

> ソンミサン・マウルのようなまちの共同体をソウル市が具体的に支援しているのだ。
>
> ソウル市は、それを「住民主導型」の地域共同体づくりに革新することを目指している。朴市長は「住民主導

【参考】
韓国およびソウル市の社会的企業、協同組合の支援法

＊以下の記述は、藤井敦史・原田晃樹・大高研道編著『闘う社会的企業』（勁草書房、二〇一三年）を参照しました。

韓国では社会的企業育成法と協同組合基本法の制定後、五〇〇〇以上の協同組合と、二〇〇〇以上の社会的企業が新設された。韓国社会では、格差、貧困が増大する一方、社会保障費の増額が不可能な財政状況にあって、今後も政府・自治体は社会的経済を推進せざるを得ない。

こうした社会経済状況は日本でも同様である。介護保険制度の変更や生活困窮者支援、子育て支援制度の導入など、民間の相互扶助をあてにせざるを得ない状況にある。これまでの日本では協同組合に関する法制度の拡充は一向に進まなかった歴史があるが、社会的経済の拡大は世界的潮流であることから、雇用問題と貧困の連鎖と格差拡大、韓米ＦＴＡとＴＰＰなど社会的問題が共通化している韓国での試みを日本でも研究を深めていく必要がある。

●社会的企業育成法

「社会的企業育成法」は二〇〇六年一二月に制定され、二〇〇七年に施行された。社会的弱者のために事業を行う企業、障がい者や貧困層など社会的弱者（脆弱階層）の人びとと自身が行う企業を「社会的企業」と定義している。法人格の種類は問われず、協同組合、株式会社、ＮＰＯでも良い。ただし、政府の雇用労働部長官の認証にもとづくものを「社会的企業」と呼び、人件費の大部分を補助金として受け取ることができる（三年ごとに審査を受ける）。

認証された「社会的企業」への支援策

（1）財政支援　働く人の人件費（最長三年）、税制やコンサルタントなど専門家の人件費（最長三年）、社会保険料（最大四年）、事業開発費（広報・市場調査など年間七〇〇〇万ウォン程度）

（2）税制支援　法人税の五〇％減免（認証後四年）

（3）購買支援　公共機関が生産品やサービスなど優先的に購買

（4）資金貸付　年二～五％の低金利で事業資金貸付（四億ウォン以内）

●ソウル市の「社会的企業支援条例」

ソウル市では「社会的経済基本条例」を二〇一四年四月に制定した。この条例は協同組合、社会的企業、マウル企業などを包括する概念として「社会的経済」を定義する。その特徴は、社会的経済を発展させる為にソウル市長の責務を明らかにし、五年ごとに基本計画を策定するとともに「社会的経済支援センター」の設置を定めていることだ。

二〇一三年一月にオープンした「センター」には、「協同組合協議会」「協同組合相談センター」「社会的企業研究会」「青年ハブセンター」「人生二毛作支援センター」「マウル共同体総合支援センター」なども隣接しており、ソウル市における社会的経済のメッカとなっている。

ソウル市では社会的経済を推進する為に「公共購買」という位置づけで、これら事業体に対して市から五一七億ウォン（一三年度）の発注をおこなった。二〇一四年度は八〇〇億ウォンに達する見込みである。

＊ちなみにソウル市は「協同組合相談支援センター」を設置し、その運営には生協をはじめとする協同組合の専門グループが積極的に参加、協同組合設立のための基礎教育、相談、設立のコンサルテイング業務を行っている。その結果、ソウル市には一般協同組合が一〇二二組合もある。ただしソウル市の「社会的経済基本条例」においては「一般」「社会」いずれの協同組合も「社会的協同組合」として位置づけられている。

ＧＳＥＦ設立総会の記念講演にて朴ソウル市長は強調した（資料

韓国における「協同組合」「社会的企業」支援法の変遷

法律（条例）	施行年	事業体名称
農業協同組合基本法	1961年	農業協同組合
消費者生活協同組合法	1991年	消費者生協
国民基礎生活保障法	1999年	自活勤労事業団、自活企業
社会的企業育成法	2006年	社会的企業
社会的企業支援条例	各広域自治体	予備社会的企業
協同組合基本法	2012年	一般協同組合、社会的協同組合
ソウル市社会的経済基本条例	2014年	協同組合、社会的企業、マウル企業等
社会的経済基本法	2014年（予定）	

（c）参照）。

ソウル市は社会的支援センター支援プログラムが評価されているとのこと。市民との協力制度の確信＝市民の声を反映することを主眼に置き、政策討論会を設定し市民の声（意見）を聴く場として機能。三万五〇〇〇人の市民が参加し四〇〇の提案を受け三〇団体で論議し対応実施。また、SNS（市長のツイッター）を活用し意見収集しているとのこと。実例として、①深夜バスの運行開始、②健康体重三三運動（三キロ体重減らしたら三キロ米を貧困層に寄付）、③育児していてもキャリア維持できる様、母親達が協同組合を形成し、自由な時間に働くことができる雇用条件確保、④市民が出資し協同組合を形成し発電所設置（原発一基分を減らした）等の報告があった。最後に、「ひとりでみる夢は一人でとどまる、一緒に見る夢は実現する」と話された。

●社会的協同組合の認可基準と優遇措置

（1）次にあげる四項目のうち一つ以上が事業全体の四〇％以上を占める場合は「社会的協同組合」として認可される。
①地域社会の再生、地域経済の活性化、地域住民の権益・福利増進、その他地域社会が直面する問題の解決に貢献する事業
②脆弱階層に福祉・医療・環境などの分野で社会サービスまたは仕事の場を提供する事業
③国、地方公共団体から依託された事業
④その他、公共増進に貢献する事業

（2）「一般協同組合」は配当が可能なため営利法人に分類されるが、「社会的協同組合」は配当ができず、非営利法人となるが、免税規定が適用される。さらに出資金の三分の二を限度に組合員に対する貸し出しが可能であり、出資金の限度内で相互扶助の保険・医療事業を行うことができる。また全供給高の一〇〇分の五〇の範囲内であれば、組合員以外にもサービスを提供できる。

村共同体政策」と「主体は住民であって、政府（地方も含む）ではない。公務員が出しゃばるな」という点をソウル市行政に徹底して浸透させる「行政革新」、市民に対しては「主体は住民であって、政府でも活動家でもない」という「市民社会革新」を繰り返し訴え続けている。

ソウル市は「住民主導村共同体政策」を推進するために、さまざまな改善をおこなった。その中身は、①事業よりも「人の成長」「人間関係」を重視する、②事業を「パッケージ化」するのではなく、住民がバイキング式で必要に応じて細かく選べるようにする、③予算の項目を細かく定めていない包括予算制の導入（あらかじめ予算の使い道を制約するのではなく、住民の裁量に任せるため）、④「成果」を一年単位で、可視的・計量的な部分だけで評価しないように、評価システムを改善する、⑤住民が三人集まれば申請できるように条例を変更、⑥二〇一二年八月に中間組織として「マウル支援センター」をオープン（運営は民間活動家らが受託）などだ。

こうして朴市長がスタートさせた「住民主導村共同体政策」は、成果を上げ始めている。朴市政がこの「共同体政策」をスタートさせた二〇一二年から一三年の間に、約五万五〇〇〇人の住民が、相談や事業の提案・実行などの形で関わったそうだ。「共同体政策」に関わった住民はどういう顔ぶれかというと、女性が六〇％、世代別では青年（一九〜三九歳）四九％、ベビーブーマー（四八〜六七歳）が二五％となっている（二〇一三年の村プロジェクト）。

事業については、「共同の問題意識」「自主的な運営の意向」があれば、規模の大小は関係ない。内容も、住民同士が集い合う町カフェ、町の懸案について健全な議論をおこなう、みんなで雇用を創出する町企業、町の祭りなど、提案される内容は多岐にわたる。この二年間で、二〇〇億ウォン（約二〇億円）の支援がおこなわれている。また、その中で住民同士の関係が広がりを見せている。

一九九七年のアジア通貨危機によって、当時の金泳三政権は「グローバリゼーション」を掲げ、市場原理主義、競争強化、規制緩和を推進した。それ以降、韓国は現在に至るまで新自由主義の流れの中にある。それによって、貧富の差、地域間格差が拡大した。

朴市長が取り組む「ソウル市住民主導村共同体政策」は、ソウル市による地域共同体（コミュニティ）づくりの中間支援事業である。その狙いは、①共同体によって人びとのつながりを取り戻すこと、と同時に、②貧困、犯罪、青少年問題などの都市問題を解決すること、にある。

原州協同組合関係者の歓迎マッコリパーティ（壁の書は減収協同組合の創始者で高名な書家・無為堂さんのもの）

2　原州の社会的協同組合を訪ねて
――韓国のモンドラゴン

金栄注（キムヨンジュ）氏の歓迎スピーチ

ＧＳＥＦ設立総会を終えて、ソウルから高速バスで二時間の江原道原州市に向かいました。人口三二万の約一〇％の三万五〇〇〇名が組合員で協同組合地域社会づくりのモデルと言える地域で、「韓国のモンドラゴン」と言われている協同の希望ともいえる街です。今回はドウレ生協元常務理事の金キソク氏の案内で信用金庫→原州医療社会的協同組合→貧困、ホームレス支援の「無料食堂」→ハンサンリム生協発祥の店舗→障がいがあったり孤立化したり貧困の若者支援センターなどを見学させて頂きました。

「無為堂記念館」にて原州協同組合関係者との夕食会に参加、そこでハンサリムのリーダーで無爲堂（ムウィダン）万人会の常任理事（韓国では常務・常任理事がトップ）である金栄注（キムヨンジュ）氏の歓迎スピーチを聞きました。

金氏のお話しはおよそ以下のようでした（歴史等については調べて補足しています）。

原州は京畿道の平野と江原道の山岳地帯の境にあり昔から交通の要衝です。ソウルの東でこれ以上東は山奥となり

「高原道には芋と岩しかない」といわれた貧しい地域でした。五〇年からの朝鮮戦争では、北と南の軍隊が九回も占領を入れ替わり街は徹底的に破壊され、約一〇〇万人の被害者を出しました。繰り返され戦場となったせいで、資源や資産をなくした貧困な住民が増したことで、カトリックの池学淳（チハクスン）司教と東洋思想家で書芸家（無為堂は号）でもある張壱淳（チャンイルスン）の二名の偉大なリーダーが社会福祉の視点に立って信用協同組合を設立しました。二人のリーダーがまずおこなったのが教育で、人らしく扱われる自由権と生存権が皆にあることを教えました。当時はお金が払えなければ病院は目の前の患者も見殺しにしたといいます。ですから最初に始まったのが信用協同組合なのです。

　原州の主な産業は農業と鉱業（炭鉱）です。生産者の組織化と同時に消費者の組織化を両輪としてすすめました。有機農業にこだわるのは「命の信託」にもとづいた支えあいです。農薬を使えば作業は楽だが、食べて悪いと分かっている農薬の使用は命の信託に応えるものではない、という発想にもとづいています。近くの炭鉱には三三〇〇の鉱夫がいてその人たちに消費生活協同組合がつくられ、有機農産物が流通していくことによって農家が食べられるようになっていきました。次に都市に生協をつくり、全国に影響を与えるためソウルに進出しハンサリムが結成されました。金力や権力や生産力よりも「生命」が第一の価値との思想を強く持ち、市民一人ひとりがその運動を支えてきています。原州に都市型の協同組合をつくり、ソウルにも出店するようになった。それがハンサリム生協です。

　いまでも元あった場所に一号店が残っています。おしゃれで洗練された印象のハンサリム、今ではソウルの高級住宅地に出店し無農薬野菜をもとめてベンツで組合員が買いに来ますが、その原点は生活困窮者の生死をかけた助け合いにあることを、ハンサリム発祥の地で知り感動を新たにしました。

社会的協同組合を訪ねて

　江原道（カンウォンド）、原州市（ウォンジュシ）、中央洞（チュンアンドン）一二一。都心の繁華街の真ん中に素朴な五階建ての建物があります。韓国のモンドラゴンという原州の協同組合経済を支える心臓部、一階は信用金庫、三階は診療所、地下にハンサンリム生協の発祥の店舗がありました（他のフロアにはNPO事務所）。

原州医療社会的協同組合見学

　地域住民の生活（健康）を守るため、生協や信用協同組合と一緒に立ち上げられました。設立にあたっては、日本の医療生協を学び参考にしてきたとのことです。日本でいうところの医療生協が運営している診療所で、西洋医学と東洋医学（漢方医療）を一緒に行っています。西洋と漢方の医者が在駐し介護事業も展開しています。（大枠での内訳は西洋五〇％、介護二五％、漢方一五％……）また、社会的ケアが必要な障がい者や低所得者向けの学習会等も展開しています。

一九九七年の経済危機の際に、満足な医療を受けられない人が多く、その解決を目指して医療生協を作る運動が始められました。その際には日本の医療生協を参考にしたそうです。

設立後、一〇年間は赤字経営が続き、医者も駐在していない厳しい時期が続きましたが、その困難を乗り越え、昨年からは赤字脱却に至っています。継続してこられたのは組合員（地域住民）の支えがその背景にあったからで、「協同組合でなければ、潰れていた!!」と話していました。

名称に「社会的」とついているのは、協同組合にもさまざまあり、利益追求型ではないと明確にするために、韓国の協同組合法が成立したときに「社会的協同組合」に転換したそうです。韓国では、単なる医療協同組合でなく医療社会的協同組合として認定されれば、組合員でなくとも診療所の利用が可能となり、認知度も向上し連帯しやすく、事業の拡充に繋がるメリットがあるとのことです。現在は、組合員一六〇〇人、事業高は一五億ウォンで、経営的には厳しいが協同組合として頑張っています。

組合員活動では、食生活の教育、組合員同士で病気になった方へのお世話のボランティア、定期的に歩く会などを行っています。

医療生協は地域の貧困層のためにあるという考えから（ここが出発点）、障がい者や高齢者などのための社会福祉施設があり、無料食堂や相談をすることもできます。

無料食堂（十匙一飯）見学

無料食堂を見学しました。「貧困者は自ら協同組合をつくれない!!」。ホームレスは信用協同組合でも当然、お金を借りること、貯金することもできません。まずホームレス生活を脱却しなければならないので、市民のボランティアによる無銭食堂はホームレスの方をスタッフとして雇用（スタッフの半数）して運営されています。一日一一〇人分の定食の内、七〇人分は補助金で運営費を賄い、その他の経費は、出資者を募っているとのことです。

スタッフは一〇人、その半分は元ホームレスとのことです。この施設の名称が「十匙一飯」と名付けたのは「一〇人それぞれが一匙ずつ分け合えば一食（人）分になる」という助け合い、分かち合いの精神からです。訪問した際にはちょうど食事の準備中で、すでに一五名程度の方が食事

朝から賑わう無料食堂「十匙一飯」

を待っていました。この中には協同組合の事務所もありました。

協同組合となって一〇年で組合員は三五〇人。この協同組合はホームレスへの無担保小口融資も行っており、現在約二億ウォン（約二二〇〇万円）を貸出しし、九六％以上の回収があるそうです。利息は四％（預金利息も同率の四％）。ホームレスの中から毎年一人ずつ職員に登用しています。

原州ネットワーク

二〇〇九年に発足した原州ネットワークはこの地域にある二七の協同組合と社会的企業の共同事務局の役割をしています。登録団体を繋ぐ中間支援的な役割を担っていますが、韓国では異業種で連合会をつくることは違法となるため、ネットワーク形成は、各登録団体から一名を本ネットワークの組合員とすることで成立させています。

ネットワークが原州の歴史から学んだ二つの考え方として、①協同組合は市民が必要とする時にできる→今何が必要なのかを考える、②協同組合は一つではなく多様にできる必要がある→人のためが第一と考える、それが、原州の地域の人びとが住みやすい「まち」になる、そのために協同組合間の協力（連帯）が必要不可欠である、と話されていました。

韓国生協一号店（現在はハンサリム生協）

原州ネットワークに加入している組合員または会員は三万五〇〇〇人に達しています。単純計算すれば原州の人口三二万人の一一%に達しますが、実際には重複加入者が多いのでそれ以下でしょう。年間総売上額は一八四億ウォンで、雇用人員は三八八人です。信用協同組合と生協を母体として医療生協と育児、教育、給食および営農組合法人などにどんどん枝を伸ばしています。ワンストップサービス、win-winを重視し、金融、医療、貧困対策支援、若者支援の社会的協同組合が地域で連携し貢献しています。

原州の協同組合運動の特徴は、宗教や思想が基盤にあり「教育が第一」ということで、カトリックもそれ以外のキリスト教も仏教もお互いに行き来して、教会で坊さんが説教しお寺で司祭や司教が語るということにより生命第一の考えが染み渡っていったこと、信用協同組合の組合員は同時に医療生協の組合員でもあるというような生活者の利益を第一にしたネットワーク型のサービス提供がされていることです。

協約文に「私たちは競争と利潤の追求に代表される主流の経済秩序に対抗し、お金より人が優先される、命が息づく地域共同体を作って行きます」と謳っています。

協同組合ネットワーク団体「トゥルーパルーン」視察

協同組合ネットワーク二七団体のうち直近（二〇一四年

一月）に設立した社会的団体「トゥルーパルーン」を視察しました。「もれなく　まんべんに　すべての人に、公正なサービスを」を理念に、作業療法士や言語療法士による精神障がいを持つ母親の支援や、障がいをもった子どもや鬱などの精神疾患をもった方への健康サポートを行っています。

こうした社会サービスを協同組合でできないかと考えたのをきっかけに設立されました。組合員は一二〇人程度。一人の療法士が五人／日の世話ができれば採算ベースにのるがまだそこまで拡大できていないそうです。

運営は二〇代の若者が集まり運営し、利用者は一五〇名くらいです。彼らは「八八万ウォン世代」と呼ばれ、高学歴であっても就職先がない世代です。それまで労働組合運動を行っていましたが、何か社会問題の解決がしたいと考え、協同組合のネットワークが強い、原州の地を選定したとのことです。社会的な団体として立ち上がる若者の意志に感銘するとともに、韓国の若者の就労問題が伺える話です。

「原州で協同組合に加入すれば、食べ物を買い、病気の治療を受けて、子どもたちを預けて、どうしても必要な金を借りるという基本的な生活経済を解決できる」

「一番を目指すのではなく、力を合わせる、手を組むことが協同組合である」

「私たちは競争と利潤の追求に代表される主流の経済秩序に対抗し、お金より人が優先される、命が息づく地域共同体を作って行きます」

「水から落ちる人のわらになる」

そうした言葉が印象に残る訪問でした。

最後に

韓国の社会的企業は貧民救済運動からはじまった。生活協同組合の原点も賀川豊彦にある。

「韓国の社会的企業の出発点は、九〇年代初めのソウル首都圏の貧困地域での生産共同体運動とも言われています。この時期の貧困地域の運動が、単なる底辺労働者の寄り合いや共同作業場づくりにとどまらず『労働者協同組合』という形をとることになったのは、スペインのモンドラゴンを初めとした諸外国の事例が聖職者のネットワークを通じて伝えられたことが大きかったといわれる。この時期の都市貧民運動が地域社会の問題を〝共同体〟という方式で解決しようとしたことは、韓国の社会的経済のその後の成長、ひいては社会運動全体のその後の成長や展開を考える上でも重要である。当時の共同体運動が掲げた〝生産　分ち合い　共同〟といった理念、さらには献身や自発性といった精神は、いまもなお自活事業関係者やひろく社会的経済に取り組む活動家が立ち返るべき原点ともされているのである」（文京洙「韓国の社会運動と社会的企業――李恩愛さんへのインタビューに寄せて」「危機の時代の市民活動」編集委員会『危機の時代の市民活動』東方出版、二〇一二年）。

日本社会の貧富の格差は確実に広がっています。私自身も細々だが関わらせて頂いているNPO法人〝もやい〟の野宿者支援の活動や「反貧困ネットワーク」の繋がりを通じて「労働の貧困」「住まいの貧困」が若者の貧困、女性、子どもの貧困に広がっていることを学びました。福島原発事故で故郷や住まいを失ったり、放射能被害で避難生活を続けたりする自主避難の方々がいます。一方で「生活保護費」の圧縮など厳しい状況のなかで「生きる協同」として生活協同組合の役割は重いといわざるを得ません。

最後に日本の生活協同組合の父といわれる賀川豊彦の言葉で締めたいと思います。

「一人は万人のために、万人は一人のために」の社会を実現するための「協同組合の中心思想」を七つの短い言葉で表現された豊彦の書が残されています。

【利益共楽】生活を向上させる利益を分かち合い、ともに豊かになろうとする。

【人格経済】お金持ちが支配する社会ではなく、人間を尊重した経済社会へ。

【資本協同】労働で得たお金を出資し合い、生活を豊かにする資本として活かす。

【非搾取】みんなが自由と平等で利益を分かち合う、共存同栄の社会をつくる。

【権力分散】すべての人が人間としての権利を保障され、自立して行動する。

【超政党】特定な政党にかたよらず、生活者や消費者の立場で考え主張する。

【教育中心】豊かな生活には、一人ひとりの教養とそれを高めるための教育が重要。

（瀬戸大作／パルシステム生活協同組合連合）

あとがき

ソウルからの呼び声をモントリオールで響かせよう
――拙速でも先ず「きいて、聞いて！」と伝えたい

「ソウル宣言の会」コーディネーター　丸山茂樹

この「ブックレット」にある「11・2ソウル宣言・プレフォーラム」に参集された二〇〇人余の人びと、ソウルで開かれた「二〇一四年グローバル社会的経済協議会設立総会および記念フォーラム」に参加された四四名の「ソウル宣言の会」の面々は、そこで受け取った瑞々しい感激を異口同音に語っています。集会で発言した人びとは夫々活動分野も地域も異なるが、皆、強い意志と希望をもって積み上げてきた実践を引っ提げて登壇されました。批判や告発にとどまらない、未踏の領域へ踏み込んだスリルに満ちた実践報告と実績にもとづく提言の数々は、近来にない連帯感をもたらし希望の方向を指し示す集いであった……と。

しかし一歩会場から外へ出ると世間の人びとにとって「ソウル宣言」も「GSEF憲章」も、いや「社会的経済」という言葉さえも全く馴染みがないというのが現実であります。

マスコミが「東京新聞」以外、全く伝えなかったという事情もありますが、本当のところは私たちの力量・発信力がまだまだである……ということでしょう。表題を「『社会的経済』って何？」とした理由です。

そこで呼びかけた者たち「ソウル宣言の会」の責任として、まず伝えること

丸山茂樹
「ソウル宣言の会」コーディネーター

GSEF設立を喜ぶ参加者たち

から始めようと相談したのが二〇一五年一月七日。拙速と云われてもスピードを重んじて作りました。関西、東北、東京などで企画されつつある集会に何としても間に合わせたい……との想いです。

しかし、別のことも考えました。このグローバル社会的経済協議会（GSEF会議の席では皆〝ジーセフ〟と呼んでいました）は〝小さく生まれても、大きく育つ〟可能性を孕んでいる。未来に飛翔するに違いない。「もう一つの世界は可能だ！」と叫ぶだけでなく、協同組合、NPO、社会的な目的を持つ諸企業、地方政府（自治体）などが協働の力を発揮して目に見える魅力に満ちた事業と社会運動の実例を「見える化（可視化）」したならば必ずや波及力をもつであろうとの確信があるからです。

そのためには次に現れ引き継ぐであろう人びとのために正確かつ丁寧な記録をすることが大切だ。そう考えて二段構えにすることにしました。すなわち早急にこの「ブックレット」をつくると共に、他に二種類の記録（したがって全部で三つの記録）を作成することにしたのです。

第一はこの「ブックレット」。第二は本を作る。その本に正確かつ一連の会議の経過や結果を克明に記録して資料文献も網羅する。同時にこれまで社会的経済、連帯経済、協同組合、自治体、街づくりなどを研究してこられた人びとにも執筆して頂く。自画自賛に終わることのないように、客観的かつ歴史的な眺望の中でGSEFが達成したことと解決して行くべき課題を大いに論じて頂くのです。

第三に、「グローバル社会的経済フォーラム２０１４」の全参加者に送られた『ＧＳＥＦニュース』のすべて（第1号〜41号）を日本語に訳して保存することです。これは、ＧＳＥＦ組織委員会から委託を受けた取材チームが速報として発行してくれたものです。一つの会議やセッションに参加すると他の会場で行われている報告や討論を知ることができない。この難問点を解決するために、幾つもの取材班が組織され、沢山のニュースが発行されました。インタビューアー、通訳、撮影係、記録係がチームを組んで各会場を取材し、インターネットを活用して時々刻々、配信してくれたのです。

これは沢山のカラー写真を含む膨大なボリュームですから、印刷するには余りにも費用が掛かります。そこで翻訳したものを複写し限定版にすることにしました。情報・教育・研究用に必要な方々や団体には実費を負担して頂いて提供することにいたしました。

さて、私たちの瞳は早くも二〇一六年秋、カナダのケベック州モントリオール市に向かっています。次回のグローバル社会的経済フォーラムおよび総会を彼の地の人びとが引き受けてくれたのです。次回はもっともっと多くの日本の経験と叡智を共有し、カナダへ持ってゆきたい。そこで世界の仲間の経験と知恵を交換し合い、共歓の世界を創り、知恵と友情を得るのです。「もう一つの世界は、既にある」のです。この「ブックレット」がモントリオールへの道を歩む人びとのハートを熱く爆発させる導火線の役目をしてくれたら、執筆者、編集者一同、これ以上の歓びはありません。

資料編

資料（a）

ソウル宣言――新たな協働の発見

世界の危機と社会的経済

二〇〇八年のアメリカ金融危機に端を発した危機が二〇一一年のヨーロッパ財政危機へ、更に最近のアジアおよび新興国経済の金融不安に繋がった。かような危機が市場原理主義への過度な傾斜と、ほとんど規制のない金融世界化の結果であるという事実を否定することは出来ない。

経済危機は所得の両極化（富者と貧者の格差拡大）と社会的排除をもたらした。これによって経済危機はさまざまな社会的・政治的な危機へと発展していったのである。また化石燃料への過度な依存が、気候温暖化、生物多様性の破壊、そしてエネルギー・食糧危機など人類の生存自体を危険に陥れる生態系問題を生ぜしめている。

かような危機に直面して我々は〝多元的な経済〟を模索する多様な動きに注目している。今、世界中で起こっている〝社会的経済の運動〟が、両極化（富者と貧者の格差拡大）、社会的不平等と社会的排除、そして生態系の破壊という諸問題を解決することができる新しい希望として浮上している。我々参加者たちは社会的経済が〝さらに湧き出る希望の世界〟〝さらに湧き出る希望の暮らし〟を人類にもたらす贈り物になると信じている。

社会的経済はなぜ重要であるか？

社会的経済は信頼と協同を基礎にして効率性と平衡性そして持続可能性を同時に達成しようとする。協同組合、ひとびとが住む地域の企業（マウル＝村や町の企業）、社会的企業（営利本位の企業を除外）、信用組合とマイクロ金融、そして非営利諸団体などが社会的経済を構成している。勿論、慈善団体と社会的投資部門も非常に重要である。このような社会的経済こそが公共部門と市場経済との調和をつくりだし、現在のグローバルな危機を克服することが出来るのだ。社会的経済は地域、国家、そしてグローバルな次元において、経済、社会、文化および生態系問題にたいして総合的に接近するという特徴を備えている。

社会的経済は何よりも社会的に疎外されたひとびとが仕事の場をつくること、尊厳性を回復する場合において必須的な存在である。特に教育と福祉、保健と介護サービスに関連する商品（relational goods）を供給する社会サービス部門において、社会的経済は驚くべき成果をあげている。また社会的経済は持続可能な共同体の形成と食料の安全保障において非常に重要である。社会的経済はこの間、充足することのできなかった必要（needs）を社会の構成員の協同によって解決するという点において社会革新（social innovation）の最も重要な土台なのである。

地域共同体の持続可能なエネルギーの生産、ローカルフード運動、公正貿易（フェアトレード）などの多様な社会的経済は、我々が当面する生態系の危機を克服するのに効果的であることを立証してきた。生態系の問題を解決するためには、地域の社会的経済が国際的な協約へ加入すること、国家次元のエネルギー体制の転換を促すことなどを通じて、世界と国の多くの諸制度と結合しなければならない。

社会的経済は、草の根の参加型民主主義（participatory democracy）と地域の社会的および経済的な再生を実現するための土台である。社会的経済に内在している民主的な意思決定と参加は、現在の危機を克服しようとする場合に必須である。また危機を克服し、社会的統合を成し遂げるうえで、連帯と持続可能性の精神をひとびとに教え悟らしめるという点において、社会的経済の重要性は大きな国際協約から個人の規範に至るまで、すべての次元において日々重要性を増している。

グローバル社会的経済のネットワークを目指そう

今、人類が直面している問題はどんな国でも一国が単独では解決することの出来ない問題である。我々が当面している問題を解決するためにグローバルな連帯を追求しなければならない第一の理由はここにある。他者とのネットワークを通じて我々は地域共同体と国家を包括するグローバルな社会的経済の連帯関係を構築しなければならない。

二〇一三年グローバル社会的経済フォーラム（ＧＳＥＦ）は、アイデアと経験を共有する回路として、全世界の我々が皆、未来をめざす新しい社会的経済のパラダイムを開くために積極的に協力する場である。

このフォーラムは、世界の共同体が社会的経済の運動の成長を支援することによって、未来の新しい議題を提示する重要な機会であると思う。我々は次のような進展を皆が共に到達するように努力することを誓う。

1．各地方政府は公共－民間－共同体のパートナーシップを通じて持続可能な社会的経済のネットワークを構築し、主要な社会的経済の諸主体の間の交流と協力を推進する。

2．我々は皆、市民の権限の重要性を認め、各社会的経済の多様で広範囲の共同体のリーダーシップを支持する。

3．我々は皆、社会的経済についての認識を高く揚げた、相異なる諸集団のための学習のプログラムを開発して、その成果を相互に共有する。

4．我々は皆、社会的経済を振興するために標準的な教科書と市民教育のプログラムを共同で開発することにした。かような努力は市民社会の影響力と力量を増進させるものである。

5．我々は皆、社会革新をするために我々の経験とビジョンを共有し、人的資源の育成のため、諸都市間の社会的経済の人的交流のプログラムを積極的に運営する。

6．我々は皆、リアルタイムで、インターネット及びその他の意思疎通手段を通じて社会的経済に関連した情報を交換し、社会的経済の新しい研究成果を討論し、共有する。各都市の政府はこのような情報に立脚し、政策を随時調整することが出来るように努力する。

7．我々は皆、社会的経済と市場経済及び公共経済とが調和をつくりあげることが出来る発展モデルを開発する。政府の公共政策は、かような目的を達成できるようにすることである。
8．我々は皆、社会的経済の連合体と社会的経済の支援組織を形成しようとする努力を積極的に支持しつつ、このような諸組織が社会的経済の活動方向を決定して共同プロジェクトを推進する場合に、決定的な役割を果たすという点を深く認識する。
9．我々は皆、深刻な低開発と貧困の問題を経験している開発途上国についての責任意識に共感し、社会的経済を通じて貧困国家の経済、社会、文化、環境に対する統合的な接近を通ずる解決方法を模索する。
10．我々は皆、社会的経済のグローバルな共同行動を推進し、社会的経済を運営し発展させるためにグローバルな協議体の形成を支援することにした。女性団体、労働団体、環境団体など社会的経済の多様な諸運動もこのような過程に共に参加するであろう。

グローバルな社会的経済の協議体の建立を推進するために、ソウルに臨時の事務局をつくり、二〇一四年に総会を開催すべく準備する。すべての参加者は二〇一四年の総会において主催都市の選定、事業内容の確定などのために具体的な活動計画を樹立することに協力する。

グローバル社会的経済フォーラム2013
（一一月五〜七日　ソウルにて会合）
この宣言文は大韓民国のソウルにおいて採択された。

フォーラムへの〈参加都市〉
ボローニャ市（イタリア）、エミーリア・ロマーニャ州（イタリア）、京都市（日本）、モントリオール市（カナダ）、ケベック州（カナダ）、ケソン市（フィリッピン）、ソウル市（韓国）、横浜市（日本）。

フォーラムへの〈参加団体〉
アジア・ベンチャー・フィランソロフィー・ネットワーク（シンガポール）、シャンティエ（カナダ）、グループSOS、HKCSS（香港）、K2インターナショナル・グループ（日本）、レガ・コープ・ボローニャ（イタリア）、レガコープ・エミーリアロマーニャ（イタリア）、ローカリティ（英国）、ソーシャル・トレーダーズ（オーストラリア）、ソウル社会的経済センター（韓国）。
注：これ等の都市および協同組合を含む他の多くの社会的経済を担う都市や団体、研究者、個人が世界各国、地域から参加している。

（訳：丸山茂樹　直訳すると分かりにくい箇所などを一部補った）

資料（b）

11・2 プレフォーラムの呼びかけ

［アピール］
朴元淳ソウル市長の呼びかけに応えて
「グローバル社会的経済フォーラム2014」を成功させよう

去る六月四日の韓国統一地方選挙でソウル市長には、数々の民主的施策に取り組み実現してきた朴元淳前市長が再選されました。その結果、昨年の「グローバル社会的経済フォーラム2013」において採択された「ソウル宣言」に沿って、今年の「グローバル社会的経済フォーラム2014」が朴元淳市長の全面的支援の下に一一月一七日から一九日までソウルで開催されることが現実となりました。

地域に根ざした協同組合を中心とした〈社会的経済〉もしくは〈社会的連帯経済〉が、今日の世界が直面している様々な危機的問題――貧困と格差、過疎と過密、食の安全、青年労働者の非正規化と失業、自然環境の破壊、老齢化と少子化、社会的排除、等々――を解決する有力な社会開発の方策であることは、国連を始め国際的によく認識されているところです。ところが、日本においては、協同組合をはじめとして各種の組織や運動がそれぞれの目的に向かって努力はしているものの、必ずしも社会開発として有効に機能しているとは言えません。その要因の一つには、行政の縦割りもあり、こうした組織や運動が、お互い連帯し経験を学び合う機会がほとんどないこともあげられるでしょう。

昨年の「グローバル社会的経済フォーラム」で採択された「ソウル宣言」は、世界の各種社会的経済（国連の最新の用語では〈社会的連帯経済〉）の担い手と、それを支援する体制にある世界の地方政府が、常時かつ瞬時に、お互いの経験を交流し、必要な情報を交換し、共通の資料やガイドラインを用意する、グローバルな連帯のネットワークを作る重要性を訴えています。「ソウル宣言」はまた、ネットワークの事務局をソウルに設け、瞬時に連絡を取り合える情報網の構築も示唆しています。

今年の一一月一七日から一九日まで韓国ソウルで開かれる「グローバル社会的経済フォーラム2014」は、参加者の経験を交流するだけでなく、「ソウル宣言」の呼びかけを具体化する大事な大会です。この大会に参加して、世界の仲間と話し合い意見を戦わせ、連帯のネットワーク作りに貢献しようではありませんか！

私たちは、この「グローバル社会的経済フォーラム2014」に先立って、日本（東京）で一一月二日に基調報告と事例紹介とから成る「社会的連帯経済フォーラムinジャパン」を開くことを提案いたします。ここに日本各地、各分野の実践と知見を

プレフォーラム横断幕

持ち寄り、経験を交流し、理論的に深め、ソウルで開かれる「グローバル社会的経済フォーラム２０１４」で世界の仲間と連帯する内容を整えたいと思います。

私たちは「フォーラムinジャパン」の開催だけでなく、「グローバル社会的経済フォーラム２０１４」の直後、一一月二二～二三日に福岡で開かれる『全国協同集会』にも参加を呼びかけます。更にこれらの経験と知見を共有するために、二〇一四年暮れから二〇一五年にかけて全国各地で「フォーラム」を開き、市場原理主義グローバリゼーションがもたらした貧困や格差の拡大など悪しき影響を跳ね返す様ざまな運動や地域自立の諸活動との、交流と連帯のネットワークを発展させたいと熱望しています。

私たちは、以下の人たちに「社会的連帯経済フォーラムinジャパン」および「グローバル社会的経済フォーラム２０１４」への個人もしくはグループとの参加を呼びかけます。

- 各種協同組合運動に携わりその一層の発展を志している人たち
- 信用組合、共済組合、マイクロファイナンスなど庶民金融に尽力している人たち
- 地域経済およびコミュニティの自立・再生に取り組んでいる人たち
- 地域社会に貢献する社会的企業の設立・発展に取り組んでいる人たち
- 非営利のＮＰＯ／ＮＧＯその他の事業活動を展開している人たち

- 障がい者の職業的自立や共同のために活動している人たち
- 自治体の自主的・民主的変革を目指し活動している人たち
- コミュニティ・ユニオンなど非正規労働者問題に取り組んでいる人たち
- 市民参加型の自然エネルギー生産に意欲を燃やしている人たち
- ローカルフード運動やフェアトレードなどに参画している人たち
- 日本の農林水産牧畜業を守ってがんばっている人たち
- 将来モデルを模索する自治体の首長、議員、担当職員
- 参加型民主主義を運動として実践している市民団体
- 上記を守備範囲としている学者や在野の研究者
- 上記に関心を持つジャーナリスト、メディア関係者

二〇一四年七月

呼びかけ人（五〇音順）

李　泳采（恵泉女学園大学准教授）
池田　徹（一般社団・ユニバーサル志縁社会創造センター代表）
伊藤　誠（東京大学名誉教授）
井上良一（NPO自治創造コンソーシアム、元神奈川県職員）
上原公子（元国立市長。脱原発自治体首長の会 事務局長）
大江正章（アジア太平洋資料センター（PARC）共同代表、コモンズ代表）
岡安喜三郎（協同総合研究所理事長）
小原　紘（「韓国通信」編集長・アウシュビッツ博物館理事）
柏井宏之（共生型経済推進フォーラム理事）
北見秀司（津田塾大学国際関係学科教授）
桔川純子（日本希望製作所 副理事長）
久保孝雄（アジアサイエンスパーク協会名誉会長）
郡司真弓（前WE21ジャパン理事長）
斉藤日出治（大阪産業大学名誉教授）
下山　保（元パルシステム生活協同組合連合会理事長）
武　建一（中小企業組合総合研究所代表理事）
津富　宏（静岡県立大学国際学部教授）
富沢賢治（協同総合研究所副理事長・一橋大学名誉教授）
藤井敦史（立教大学教授、社会的企業研究会会長）
藤木千草（WNJ：ワーカーズコレクティブ・ネットワーク・ジャパン）
牧　梶郎（『葦牙』編集者、作家）
増田幸伸（近畿生コン関連協同組合連合会　専務理事）
マット・ノイズ（明治大学特任講師）
丸山茂樹（参加型システム研究所）
森川貞夫（日本体育大学名誉教授）
柳沢敏勝（明治大学商学部教授）
山田　勝（NPO現代の理論・社会フォーラム理事）
横田克巳（生活クラブ生活協同組合神奈川 名誉顧問）
若森資朗（前パルシステム生活協同組合連合会理事長）

資料（c）　グローバル社会的経済協議会設立総会における朴元淳ソウル市長あいさつ

連帯と協力のグローバル・ガバナンス

ソウル市長　朴元淳

「両方の足や両手のように、私たちはお互いに協力するために生まれました」——素敵な言葉ですね？　マルクス・アウレリウスのエッセーに出ている話です。人類は協力して連帯するとき、最も偉大な歴史を作り上げました。

今日の世界は、貧富の格差と資源の枯渇、大量の失業問題、少子高齢化に伴う低成長などの深刻な危機に直面しています。しかし、「危機はチャンスのもう一つの名前である」という言葉があります。この危機を世界市民みんなが加わってより良く生きるもう一つの世界に行く跳躍の足場にしなければなりません。

ソウルのキャッチフレーズは「一緒にソウル。市民とともに、世界と一緒に」です。私は連帯するグローバル社会的経済協議会が新しい時代に行く道の希望の扉を開いてくれる鍵になると考えています。社会的経済はすでに経済危機、環境問題、地域共同体の崩壊など、私たちが直面している問題を解決する新しい方法として、その価値を認められています。

まさに一年前、この場で私たちは共に出会いました。世界の多くの地域や都市の社会的、経済主体が試みているさまざまな実験や成功事例を見て共有することができました。一歩一歩進んだ都市と都市、国と国の間で、お互いの経験と資源を積極的に共有することが必要であることに同意して、ソウル宣言を採択しました。今回の設立されたグローバル社会的経済協議会は、全世界の都市政府と民間組織を互いに連結してくれるはずであり世界を変革へと導くと確信しています。

ソウル市の社会的経済支援政策

ソウル市も社会的経済の生態系をつくり、組織を発展させるために、さまざまな政策を行っています。社会的経済の一貫した政策方向は、相互連帯と協力信頼関係を構築するものであり、これにより、私たちの社会が抱えている社会的二極化と不均衡の問題、疎外と雇用問題などを解決するためのオルタナティブと希望を提示しています。

そのために、ソウル市はソウル市社会経済支援センターを設立して、社会的な経済主体が相互に協力することができるようにするとともに、新たな主体を発掘しており、社会約経済組織が自活力を強化するためのさまざまな教育とコンサルティングを提供しています。このような社会的経済育成プログラムは、革新的なモデルとして評価され、これまで海外三七カ国、国内六三の都市と機関など計一七〇〇人がベンチマークと業務協力のためにソウル市社会経済支援センターを訪問しています。

　販路が脆弱な社会的経済組織たちのために、社会的経済市場とオンライン・ショッピングモールで販路開拓のためのサポートを惜しまず実行しています。ソウル市は、最初の顧客になって今年の一年だけ八〇〇億ウォン分の公共の購入を達成するために努力しています。今回のグローバル社会経済協議会行事も通訳から展示、軽食の提供、各種公演に至るまで、さまざまな社会的経済組織が参加して準備したものです。また、社会的、経済波及効果が大きいビジネスモデルを発掘して育て、優秀な社会的企業については、販路の計画を集中的に支援してスタートアップ企業に成長できるようにサポートを惜しみません。

GSEFオープニング・セッションで歓迎の挨拶をする朴市長

社会的経済が変えた私たちの生活の現場

　一回の支援も重要だが、最終的には、生態系をどのように作るかということが鍵です。実際に、ソウル市の社会的経済支援の姿が都市と私たちの生活をどのように変化させたのか、いくつかの政策の事例を紹介します。

　社会的経済は、メンバー間の民主的な意思決定と参加を最も重要な核心価値としています。ソウル市は「市民が市長です」をモットーに、市民の積極的な参加をもたらしています。「政策討論会」と「政策博覧会」がその例です。政策討論会は、一つのテーマについて市民が提示したさまざまな意見を聞き、これを政策に反映させているソウル市のオフラインのチャネルの中で最も代表的なコミュニケーションの窓口です。「原発一つ減らす」、「超微細粉塵対応策」など、計八八回の政策討論会が開かれ、一万二〇〇〇人の市民が参加し、市民が提案した意見のうち七六％である一一四一件の政策がソウル市政に反映されました。

　市民が自分のアイデアを提案してみる希望ソウル・ポリシー博覧会は、今年で三回目です。

　今年は約三万五〇〇〇人が参加し、安全、住宅、保育全般に関する四〇〇以上のアイデアを提供し、三五の市民団体が、さまざまな議論を行いました。

　FacebookやツイッターなどSNSもソウル市政コミュニケーションの重要な窓口として活用されており、政策に直接反映される場合もあります。代表的な例が深夜バスである「フクロ

GSEF閉会式での朴市長

ウ・バス」であり、市民が提案して作られた政策です。ソウル市は夜間勤務をして帰宅するソウル市民の安全のために、民間通信事業者とコラボレーションをして約三〇億件を超えるデータ情報と、五〇〇万件の深夜タクシー利用情報をもとに、ソウル市民フクロウ・バスを誕生させました。市民がSNSに投稿した提案を政策に反映させた代表的な事例です。ソウル市民が一番好きな政策になりました。

「健康政策333プロジェクト」も市民、民間企業が参加した代表的な健康政策です。333プロジェクトは、三カ月に三キロを減量して、三カ月の間維持する肥満予防プロジェクトです。減量した体重だけの米を脆弱階層に寄付するのです。健康にもよいことを近所の人と一緒に行い、優しい世話をするプロジェクトとして知られ、今までに一万七〇〇〇人が参加しました。

共有経済成長持続

去る二〇一二年、ソウルは「共有都市ソウル」を宣言しました。それ以来、民間との情報共有に新しいトレンドと需要を把握し優しくスマートな政策を実践しています。特に共有を実践する企業にはソウル市の行政力に裏付けされた相乗効果が出ています。ソウル市独自ブランドである「分かち合いカー」は、ソウル市の中小カーシェアリング事業を統合して、ソウル市が直接広報していて公共の駐車場を安価に利用できるように行政的な支援をした後に利用率が年間約一五〇%以上増加しました。子ども服を共有する株式会社キプルの場合には、自治区と地域内の国公立保育園とのマッチングの後、一年の間に子ども服共有比率が一二〇%拡大されました。物と空間、情報と時間の共有は、利用可能な資源の限界と人間関係の喪失など、現代社会が抱える多くの問題を解決することができるきっかけを提供してくれています。

協同組合が見せてくれた力

ソウルには、現在の千余りの社会的経済組織が活動しています。社会的経済は、町や地域を土台にすれば成功が可能です。代表的なところがソウルの聖水洞地区のパソン協同組合です。聖水洞は、韓国のパソン（宝飾品等）メーカーの約七〇%が集まっており靴はデパートに納品されているなど、優れた品質を誇ります。しかし、有名ブランドの商品がないという理由で、これまで消費者の冷遇を受けてきました。だから協同組合を作りました。リーズナブルな価格で最高品質の靴というイメージの構築に成功し、全国で靴を買いに来る人で賑わっています。靴商品のメッカとして復活したものです。

子育てとその出産の問題は、世界の都市が共通に抱えている問題です。子育ての難しさによって女性が仕事を放棄してキャリアが断絶されているケースが増えています。これは当事者だけの問題でなく、社会的にも大きな損失です。「ソーシャルメイト綿」は、経歴断絶女性が集まって作ったワーカーズの協同組合です。固定された勤務時間ではなく、自ら可能な時間帯を活用して仕事をすることにより、子育てをしながらも、キャリアが断絶されないようにできます。

原子力発電所減らすことができるか？

次に紹介するのは「太陽光発電協同組合」です。ソウルはエネルギー消費都市から生産都市に切り替えつつあります。代表的な事業の一つが原発一つ減らす事業ですが、原子力発電所一基で生産する二〇〇万ＴＯＥ（石油換算トン）を節約する政策目的を持って開始し、これを実現しました。過去三年の間に二〇〇万ＴＯＥに対応する電気を節約したり、生産したということです。ソウルには、太陽光エネルギーに関連する一一個の協同組合があります。三五〇〇人の組合員が集まって七つの発電所を建設します。代替エネルギーの重要性に共感して市民が自主的にお金を投資して発電所を建設したのです。

しかし、多くの努力と成果にもかかわらず、道のりはまだまだ遠いのです。世界各国の都市から学ぶべき点が多いと思っています。そのような点で、グローバル社会的経済協議会の設立は、ソウル市が進むべき道に優れたアシスタントを与えてくれると私は信じています。グローバル社会的経済協議会が、世界中の社会的企業と団体のビジョンと経験を共有する場となり、また別の次元の協力と連帯を生み出すことを確信しています。

一人で見る夢は夢に過ぎないが、一緒に見る夢は現実になります。一緒にいきましょう。

資料(d)　グローバル社会的経済協議会(GSEF)憲章

[目次]

前　文

現在、世界の経済及び生態系が危機にさらされている。そこで我々は、社会的経済を通じ「よりよい生活」「よりよい世界」を構築することが不可欠だと考える。社会的経済とは、信頼と協力によりこれらの問題を解決し、共同体の連帯性を深める経済のことを指す。

こうした精神を要約したものが、二〇一三年一一月五日に採択された「ソウル宣言」である。そして、我々はさらに一歩踏み出し、社会的経済の体系的な発展と国際的な連帯のため、GSEFの憲章を採択する。

第一章　総　論

第一条　我々のアイデンティティー

1－1　社会的経済の国際連帯のため、我々は非営利国際組織であるグローバル社会的経済協議会 Global Social Economy Forum(以下、GSEF)を設立する。

1－2　社会的経済とは、信頼と協力に基づき連帯の価値を達成する経済であり、地域共同体は社会的経済の最も重要な土台である。

1－3　社会的経済の主な主体は協同組合、共同体企業、社会的企業、信用組合とマイクロファイナンス、そして非営

GSEF会場で配られた資料

利団体などであり、慈善団体や社会投資領域も社会的経済に含まれる。

1－4　GSEFは、国家、人種、宗教、ジェンダーなど、あらゆる次元での差別や不平等を認めない。

1－5　GSEFは、多元的な発展を志向する。我々は、人間の本性にある多元性、社会的経済組織の多元性、マクロ経済的な目標の多元性、政治的な目標の多元性を認め、これらの多元性が調和するような発展を追求する。

1－6　なかでもGSEFは、草の根組織の主体性を重んじており、この精神に基づき自治体及び政府の政策が相互補完されるべきであると考える。

第二条　我々のビジョン、任務、そして目標

2－1　ビジョン：GSEFは、市場経済、公共経済、社会的経済及び生態の調和のとれた発展を志向する。個人の能力を最大限に発揮させ、連帯により社会問題を解決へと導くのがまさに上記のような発展である。GSEFは、こうした目的を達成するための国際的なネットワークである。

2－2　任務：GSEFは、社会的経済団体や自治体との連携を通じ、良質な雇用の創出、公正な成長（fair growth）、草の根民主主義の成長、持続可能な発展を追求する。このような人間の尊厳性と生態の持続可能性が持つ価値は、GSEFの全ての活動が目指すべき基本理念である。

GSEFは、共有資源の量と質の向上に貢献し、これらの資源に対する公正なアプローチと使用を促す。共有

資源を取り戻すための鍵は、社会的経済の運営原理である信頼と協力であり、地域の生態系と文化、知識、歴史資源などすべての共有資源は、GSEFの重要な活動目的である。

2－3　目標：GSEFは、以下のような事業を継続的に推進する。

(1) GSEFは、世界中の社会的経済主体の経験を共有し、人的・物的交流を促進する。そのため、オンライン・オフラインでのプラットフォームを構築し、人的・物的交流の活性化のための様々なプログラムを開発する。

(2) GSEFは、自治体と非政府機関が公共－民間－共同体パートナーシップを通じ、社会的経済ネットワークを安定的に構築できるよう支援する。

(3) GSEFは、各地域における社会的経済協議会と支援組織の形成に向けた全ての取り組みを支持し、それらの組織を通じて社会的経済の生態系が世界中に広がるよう様々な協同事業を推進する。

(4) GSEFは、深刻な低開発と貧困に苦しむ発展途上国への支援責任について共感し、これらの国々の経済、社会、文化、環境が改善されるよう、社会的経済の国際連帯と協力を推進する。

(5) GSEFは、我々が追求する社会的価値と両立可能な世界中の様々な運動を支援すると共に、人類が直面している問題を解決するための共同行動を推進する。

(6) GSEFは、各地域の社会的経済を支援するため、基金を助成できる。

第二章　会　員

第三条　会員

3－1　原則的に、GSEFの会員は次のように分類される。

(1) 正会員

(2) 準会員

(3) 名誉会員

3－2　正会員

(1) 正会員は、自治体会員と社会的経済ネットワーク会員により構成され、総会での議決権と被選挙権を持つ。

(2) 全ての地方自治体及び政府と、全国・地域単位の自治体の連合体及び協議会は、自治体会員に加入できる。

(3) 様々な社会的分野に携わる地域・国家・大陸・大陸間・国際ネットワーク（中間支援組織及び協議会）は、社会的経済ネットワーク会員に加入できる。

3－3　準会員

社会的経済関連組織で、GSEFの活動に積極的に参加したい組織は、準会員に加入できる。

3－4　名誉会員

名誉会員は、GSEFの活動や社会的経済分野に貢献した個人や団体に与えられる。名誉会員は、GSEF運営委員会が推薦し、総会での承認を経てその資格が与えられる。

第四条　会員の加入と退会

4－1　加入：会員の加入は、運営委員会の検討と総会の承認を経て決定される。具体的な加入手続きは別途の規定で定める。

4－2　退会：会員は、事務局に書面で退会の意思を伝えることで退会できる。退会手続きは別途の規定による。

4－3　警告及び資格の停止：GSEF運営委員会は、会員がGSEF憲章を毀損したり、GSEF憲章を害したり、GSEFが求めるビジョンや任務、目標、GSEF憲章を害したり、それに反するような態度を示したことが公式的に認知された場合、該当会員に対する警告または会員資格の停止手続きを踏むことができる。運営委員会は別途に定めた手続きによって警告または資格停止の可否を決定しなければならない。

第五条　会員の権利と連帯

5－1　権利

（1）全ての会員はGSEFの活動とプログラムへの参加が可能であり、定められた手続きによってGSEFの活動に関する全ての情報、資料、記録にアプローチできる。

（2）会員は、自らの発展や共通目的の実現のため、GSEFの新たなタスク及び会員間の具体的な連帯や協力方法を、総会などGSEF内の様々なコミュニケーションチャンネル通して提案することができる。また、GSEFの意思決定プロセスにおいて、規定により与えられた権利を行使することができる。

5－2　連帯

（1）GSEFの全ての会員は、GSEFが推進するタスクとプログラムを支持し、これに協力する。

（2）会員は、社会的経済の生態系拡大のため必要な経験・知識・情報をGSEF会員の間で共有するなど、会員の相互交流に協力する。

（3）会員は、適正な年会費を支払うことでGSEFの財政自立に貢献すると共に、社会的経済の価値に従って連帯するよう努めるものとする。

第三章　組　織

GSEFは、次のような意思決定及び執行システムを持つ。

（1）総会

（2）運営委員会

（3）事務局

第六条　総会

6－1　総会：総会は、GSEF会員が任命した代表で構成され、GSEFの最高議決機関として次の事項を決定する。

（1）GSEFの事業及び財政に関する事項

（2）GSEF会員の利益に関する事項

（3）議長都市及び運営委員の選出

（4）次期総会の開催都市の決定

（5）憲章の修正

（6）組織の解散

（7）その他、GSEFの組織と運営に関する重要事項

6－2　総会の管理

（1）GSEFの解散とGSEF憲章の修正を除く総会の決定は、審議による合意に達しない限り、出席した正会員の過半数の賛成によって下される。

6－3　総会の開催
（1）定期総会は二年ごとに開催され、開催地は総会で決定される。
（2）次期総会を開催しようとする自治体は、総会開催の九〇日前までに誘致提案書と自治体代表の公式書簡を事務局に提出する。
（3）次期総会の開催が決まった自治体は、官民共同準備委員会を構成し、開催日の一年前までに総会の推進計画書を事務局に提出する。
（4）定期総会は開催地の自治体が、事務局との業務協約を通じ全て準備する。
（5）臨時総会は運営委員会の委員全体の三分の二の同意を得れば開催することができる。
6－4　憲章の修正
憲章の修正は、本会に在籍する正会員の三分の二以上の出席と、出席した正会員の三分の二以上の同意により議決される。
6－5　GSEFの解散
（1）GSEFの解散は、本会に在籍する正会員の三分の二以上の出席と、出席した正会員の三分の二以上の同意により議決される。
第七条　議長都市、共同議長及び運営委員会
7－1　GSEFは、議長都市と運営委員会を置く。
7－2　議長都市と共同議長
（1）議長都市は総会で選出する。また、選出された議長都市の自治体代表と議長都市内の社会的経済ネットワーク会員の中から選ばれた代表がGSEFの共同議長を務める。
（2）議長はGSEFを代表し、GSEF総会を主催する。
（3）議長都市と共同議長の任期は二年であり、連続で務めることも可能である。
（4）議長都市に立候補する場合は、定期総会開催の六〇日前までに事務局に文書でその意思を表示する必要があり、事務局は全ての会員に対して即座にその旨を伝えなければならない。
第八条　事務局
8－1　事務局
（1）共同議長はGSEF事務局の事務局長を任命し、運営委員会はそれを承認しなければならない。
（2）GSEFは事務局を設け、大韓民国のソウルにその所在地を置く。
（3）事務局は、総会と運営委員会の全ての決定事項を執行し報告しなければならない。また、総会とその他の会議を支援しなければならない。
（4）事務局の運営に必要な経費はGSEFが負担し、事務局が所在する都市は事務局の運営のために必要な人材を追加で派遣することができ、事務局の基本的な運営に必要な支援をすることができる。
（5）事務局は必要に応じて職員を採用すべきであり、国際労働基準に沿ってその職員と雇用契約を結ばなければな

らない。

8－2 特別分課：運営委員会は必要に応じて事務局に特別分課を設け、それを運営できる。

第四章 財 政

第九条 財 源

9－1 GSEFの財源は、次のように構成される。

（1）会員の登録費及び年会費

－登録費：GSEF加入の承認を得た会員は登録費を納入する。

－年会費：運営委員会は会員のタイプ、規模、財政能力に応じてその年会費を決定し、会員の経済・金融的な困難など例外的な状況を考慮した上で一定期間年会費を免除、軽減または支払い方法の代替を決定できる。

（2）GSEF会員を含む各自治体、国際機関及び認可された民間機関で出資した共同事業資金

（3）特別寄付金：会員または非会員の自発的な寄付金

（4）出版物の販売、イベントへの参加費及び各種契約によって発生した収益

（5）非財政的な形の寄付金

第一〇条 支 出

10－1 運営経費：事務局の運営経費、臨時総会の運営経費、運営委員会が承認したその他の費用など、GSEFの運営に必要な経費はGSEFが負担する。

10－2 事業経費：GSEFの事業のうち特定の地方政府で提案した事業の一部は、運営委員会の審議を経て事業経費を該当事業を提案した自治体が分担するようにする。

10－3 定期総会の開催費用：定期総会の開催費用は開催地域の自治体が準備する。

10－4 基金：GSEFは各地域の社会的経済を支援するため、基金を使用できる。

10－5 GSEFの会計年度は毎年一月一日から一二月三一日までであり、運営委員会は事務局が提出する会計帳簿を監査し、必要な場合は公認の監査機関による会計監査を追加で実施することができる。

第五章 付 則

11－1 この憲章は、創立総会で承認された日から即座に発効される。

[編 集]
ソウル宣言の会
連絡先：〒164-0001 東京都中野区2-23-1 ニューグリーンビル301号
「協同センター・東京」気付
電話：03-6382-7605／FAX：03-6382-6538
E-nail：seoulsengen@gmail.com
URL：http://www.seoulsengen.jp/
編集委員：若森資朗、丸山茂樹、牧梶郎、井上良一

「社会的経済」って何？——社会変革をめざすグローバルな市民連帯へ

2015年2月25日　初版第1刷発行
2015年4月3日　初版第2刷発行

編　集＊ソウル宣言の会
装　幀＊桑谷速人
発行人＊松田健二
発行所＊株式会社社会評論社
〒113-0033 東京都文京区本郷2-3-10 お茶の水ビル
tel. 03-3814-3861/fax. 03-3818-2808　http://www.shahyo.com
組　版＊ACT·AIN
印刷・製本＊倉敷印刷

Printed in Japan